FRANCO ZANGRILLI

Pirandello postmoderno?

Edizioni Polistampa

A Umberto Mariani, maestro e amico

Pubblicazione realizzata con il contributo di:
Centro Studi Cattaneo
Fano (PU)

ISBN 978-88-596-0426-6

Avevo udito urlare durante tutta la notte, e a una cert'ora fonda e perduta tra il sonno e la veglia non avrei più saputo dire se quelle urla fossero di bestia o umane.

La Mattina dopo venni a sapere dalle donne del vicinato ch'erano state disperazioni levate da una madre (una certa Sara Longo), a cui, mentre dormiva, avevano rubato il figlio di tre mesi, lasciandole in cambio un altro [...]

Quello della Longo era bianco come il latte, biondo come l'oro, un Gesù Bambino; e questo invece, nero, nero come il fegato e brutto.

Luigi Pirandello, *Il figlio cambiato*, in *Novelle per un anno*.

La stagione teatrale a Fano

di Gabriele Gerboni
Presidente Associazione C. Cattaneo-Fano

Quando la Fondazione Teatro presentò il programma di prosa per la stagione 2007-2008, notai, con sorpresa, che sul cartellone vi erano rappresentate opere di Goldoni e di Pirandello.

Dopo aver letto che veniva rappresentato il lavoro *I giganti della montagna*, mi venne in mente la trilogia pirandelliana, il mito pirandelliano e le rappresentazioni che aveva fatto di quell'opera al Piccolo di Milano Streheler, che al riguardo così commentava: "C'è un tema profondo, ricorrente, nella grande cultura greca-europea: quella dei mitici Giganti che vogliono impadronirsi del potere celeste, universale. Ma vengono sconfitti, proprio quando sembrano aver vinto.

Questa radicata, inquietante presenza tocca l'ultimo Pirandello che, in quest'opera incompiuta, la rappresenta nel teatro e nella poesia e la innesta dentro il tema più generale della Rappresentazione".

Ricordi di giovanili e avide letture pirandelliane subito mi hanno coinvolto e dopo aver consultato alcuni amici del Cattaneo, che, entusiasti avevano accettato la proposta, organizzammo una conferenza.

Un anno prima ero venuto in contatto con il professor Franco Zangrilli, professore di letteratura comparata alla City University di New York, uno dei massimi esperti pirandelliani, avendo scritto molti saggi sulle opere dell'agrigentino, per cui subito telefonai a New York al professore per invitarlo a tenere una conferenza a Fano, negli immediati giorni precedenti alla rappresentazione.

La conferenza ebbe luogo il 19 dicembre presso la sala Verdi del Teatro della Fortuna, introdotta dalla dott.ssa Sara Del Medico del Cattaneo e dal professor Franco Battistelli, uno dei massimi esperti, se non il massimo esperto della storia teatrale marchigiana, che illustrò le rappresentazioni delle opere di Pirandello fatte al teatro della Fortuna dal 1924 ai giorni nostri, quindi il professor Zangrilli, nella sua relazione, diede una interpretazione post-moderna di Pirandello ne *I giganti della montagna*.

Non sta a me giudicare il saggio che ne è venuto fuori; altri, più esperti di me giudicheranno attraverso la lettura del libro la profondità e la critica del professor Zangrilli; per quanto mi riguarda ho potuto constatare che il professore ha fatto una destrutturazione del testo dell'opera, analizzando i personaggi pirandelliani in riferimento alle *Novelle per un anno*, scritte vent'anni prima della stesura dei *Giganti della montagna*.

Pirandello a Fano

di Franco Battistelli
Studioso di teatro

La presenza, fra i mille e più copioni manoscritti dell'Archivio teatrale del celebre attore e capocomico fanese Cesare Rossi, dell'atto unico *L'epilogo* (prima redazione de *La morsa*) di Luigi Pirandello costituisce un primo casuale rapporto fra la città di Fano (dove quel copione autografo è oggi conservato) e la produzione teatrale del grande scrittore e commediografo agrigentino.

Il copione manoscritto autografo dell'atto unico *L'epilogo* di Luigi Pirandello altro non è che la prima stesura originaria dell'atto unico («epilogo in un atto») pubblicato nel XX volume di *Maschere nude* (Milano 1926) con il titolo *La morsa*.

La critica pirandelliana fa risalire la suddetta stesura al 1892, sei anni prima, quindi, della scomparsa dell'attore e capocomico Cesare Rossi nel cui archivio privato (quello della compagnia «Città di Torino») si trovava un tempo il manoscritto.

Se ne può dedurre che Pirandello avesse inviato il suo atto unico al Rossi con la speranza di vederlo rappresentato dalla sua affermata compagnia.

11

Non risulta, però, che il Rossi abbia rappresentato il testo pirandelliano la cui prima rappresentazione ebbe luogo solo il 1° dicembre 1910, al Teatro Metastasio, di Roma, a cura della compagnia del Teatro Minimo diretto da Nino Martoglio, dodici anni dopo la pubblicazione dello stesso (con il titolo originario) sulla rivista «Ariel» del 20 marzo 1898.

Riscritto in dialetto siciliano dallo stesso Pirandello, *L'Epilogo* fu poi nuovamente rappresentato nel 1917 dalla compagnia di Giovanni Grasso junior.

La vicenda, tratta dalla precedente novella *La Paura*, è notoriamente la storia di un adulterio. Il pregio principale è costituito dall'approfondimento psicologico dei sentimenti contrastanti dei tre protagonisti: l'appassionata e spontanea Giulia, il freddo e vendicativo marito Andrea e il pusillanime amante Antonio.

È il timore di essere scoperti che stringe gradualmente i due adulteri, in un crescendo alimentato dalla consapevolezza della spietata volontà di vendetta del tradito Andrea, nelle fauci di un'implacabile «morsa».

Comunemente classificato nell'ambito della commedia borghese, l'atto unico si colloca nel filone testuale verista di fine Ottocento, pirandellianamente caratterizzato però da una morale che pone l'adultera Giulia al di là delle leggi sociali del tempo.

Fanese di nascita fu d'altronde anche Ruggero Ruggeri, attore fra i massimi della prima metà del secolo scorso e interprete superlativo dei maggiori testi pirandelliani: da *Il gioco delle parti* a *Il potere dell'onestà* nel 1919, da *Tutto per bene* nel 1920 a *Enrico IV* nel 1922, ai *Sei personaggi in cerca d'autore* nel 1925.

Resta il fatto che il primo incontro tra il pubblico fanese e un testo di Pirandello ebbe luogo l'11 maggio del 1920 quando sul palcoscenico dello storico Teatro della Fortuna venne allestita la commedia *L'uomo, la bestia e la virtù* nel corso di una serie di recite tenute dalla primaria Compagnia del Teatro d'Arte diretta da Manlio Calindri con Egloge (Felletti) Calindri e Carlo Felletti.

Sei anni dopo risonanza nazionale ebbe l'inaugurazione in Pesaro del cineteatro dedicato ad Eleonora Duse, avvenuta il 26 ottobre 1926 coi *Sei personaggi in cerca d'autore* alla presenza dello stesso Pirandello che tenne il discorso ufficiale di apertura.

A Fano, già dal periodo natalizio del 1924, era stato inaugurato il Politeama «Cesare Rossi», così che nell'agosto del 1927 fu proprio in questa nuova sala che anche i cultori fanesi di teatro ebbero occasione di fare la loro prima conoscenza coi discussi *Sei personaggi in cerca d'autore* ad opera della compagnia di Giannina Chiantoni.

Al Teatro della Fortuna si tornò invece solo il 1° marzo 1939 per fare la conoscenza con la commedia *Ma non è una cosa seria* interpretata dagli attori della nota Compagnia del Teatro Comico diretta da Carlo De Cristoforo con Tina Paternò.

Gravemente lesionato dagli eventi bellici dell'estate 1944 il Teatro della Fortuna, fu la sala del ricordato Politeama a consentire le prime proposte di atti unici pirandelliani da parte dei locali gruppi filodrammatici: nel 1947 *Lumie di Sicilia* e più tardi, nel 1958, *Cecé* e *La patente*; ma non va dimenticato anche un malriuscito e criticato tentativo dei filodrammatici fanesi di portare in scena al Teatro Rossini di Pesaro, in occasione del Festival Nazionale dei Gruppi d'Arte Drammatica del 1948, l'impegnativo dramma *Questa sera si recita a soggetto*.

Cecé, abbinato a *La morsa* e a *Bellavista*, fu poi riportato in scena nel 1976, così come *La morsa*, riproposta nel 1977 in una edizione riservata alle scuole.

Fu peraltro solo a partire dal 1979 che l'Amministrazione Comunale di Fano decise di assumersi l'onere e l'onore della programmazione annuale di una regolare stagione invernale di prosa al Politeama: stagione che avrebbe dovuto provvedere a far conoscere al pubblico fanese anche i maggiori testi teatrali di Luigi Pirandello.

Si cominciò così con *Come tu mi vuoi* nella riuscita edizione del Teatro Stabile di Torino con Adriana Asti ed Osvaldo Ruggeri, per proseguire nel 1981 con *Liolà*, affidato all'estro protagonistico di Bruno Cirino.

L'anno seguente (1982) fu il turno del non ancora dimenticato *Questa sera di recita a soggetto* nell'edizione del Teatro Stabile di Sardegna con Arnoldo Foà, cui fece seguito nel 1983 *Così è se vi pare* interpretato da Lilla Brignone e Gianni Agus. Proseguendo nell'intento di far conoscere sempre meglio ai fanesi i drammi pirandelliani, nel 1985 andò in scena *Come prima meglio di prima* con Anna Proclemer protagonista, seguito nella stessa stagione da *Tutto per bene* con Giulio Bosetti.

Nel 1987 fu Alberto Lionello a far conoscere *Il gioco delle parti*, mentre nel 1988 fu il Teatro Stabile del Friuli-Venezia Giulia a riproporre una nuova edizione dei *Sei personaggi in cerca d'autore*.

Con Adriana Innocenti e Piero Nuti fu il turno nel 1989 del difficile dramma *Lazzaro* per passare nel 1993 a *Trovarsi* con Valeria Moriconi e nel 1994 a *La vita che ti diedi* con Marina Malfatti, regìa di Luigi Squarzina.

Un ritorno di *Così è se vi pare* fu, sempre nel 1994, opera di Ileana Ghione, mentre solo nel 1995 fu possibile al pubblico fanese fare la conoscenza con quell'*Enrico IV* che aveva segnato uno dei maggiori successi del grande Ruggero Ruggeri e che in questa occasione ebbe come protagonista Gianrico Tedeschi.

Un adattamento dal noto romanzo *Uno, nessuno e centomila* fu poi proposto da Flavio Bucci nel 1995, mentre nel 1996 fu l'ultima volta che la ribalta del Politeama accolse una nuova edizione di *Questa sera si recita a soggetto* con Alida Valli e Giustino Durano fra gli interpreti.

Dopo la riapertura nel 1998 del ristrutturato Teatro della Fortuna, fu necessario attendere il 2003 per assistere ad una edizione de *Il berretto a sonagli* con Flavio Bucci protagonista ed il 2004 per una riproposta dei *Sei personaggi in cerca d'autore* con la compagnia di Carlo Cecchi.

Temporanea conclusione nel 2007 con gli incompiuti *Giganti della montagna* con finale di Franco Scaldati nella bella edizione proposta dal Teatro di Roma e dalla compagnia di Sandro Lombardi e Federico Tiezzi, con Iaia Forte.

L'Epilogo

Scene drammatiche

di

Luigi Pirandello

L'Epilogo

Persone:

Andrea Fabbris   l'avv. Antonio Serra
la signora Giulia   Anna, domestica

In provincia. Epoca presente.

Scena: Una stanza in casa Fabbris - Uscio comune in fondo - Due usci laterali a sinistra - Due finestre laterali a destra - (Destra e sinistra dell'attore).

Poco dopo alzata la tela - la signora Giulia - che sta presso la 2ª finestra a destra, con un lavoro all'uncino in mano, e le spalle al pubblico, fa un atto e un'esclamazione di sorpresa, e si ritrae - posa su un tavolino il lavoro, e va a chiudere gli usci laterali a sinistra in fretta, ma cauta: per attendere presso l'uscio comune.
Entra Antonio Serra.

Giulia (buttandogli le braccia al collo, a mezza voce, contenta) Già qui?

Antonio (turbato, scostandola) - No, ti prego.

Giulia   Non sei solo? Dov'hai lasciato Andrea?

Antonio   Son tornato prima - stanotte.

Giulia   Perchè?

Antonio (quasi irritato dall'insistenza) Con una scusa - Era vero, per altro - Dovevo trovarmi qui di mattina - per affari.

Giulia   E non me ne dici nulla! Volevi avvisarmene...

Antonio la guarda in modo espressivo, e non le risponde

Giulia   Ch'è accaduto?

Antonio (a bassa voce, ma irritato, quasi con rabbia) Che? Temo che Andrea sospetti... di noi.

Giulia (facendo un po' forza per non mostrarsi spaventata) Andrea? Temo le cose? Ci ha traditi?

Antonio   No, ambi due, sai mai... le cose della stanza...

Premessa

La nascita di questo nostro lavoro si deve all'invito del "Centro Studi Carlo Cattaneo di Fano" – diretto dal professor Gabriele Gerboni – e del comune di Fano di parlare su *I giganti della montagna* di Luigi Pirandello. Originariamente è stato concepito come una conferenza intenta a introdurre, e quindi a preparare, il pubblico fanese alla rappresentazione di questo dramma da parte della "Compagnia Lombarsi-Tiezzi" del "Teatro Argentina di Roma" al "Teatro della Fortuna" di Fano, giovedì 20, venerdì 21, e sabato 22 dicembre 2007, con la regia di Federico Tiezzi, e con Iaia Forte nella parte di Ilse e Sandro Lombardi in quella di Cotrone. Una conferenza sostenuta da comparazione e riferimenti alla nostra realtà postmoderna. Poi è stata rivista ed elaborata in forma di saggio per avanzare l'idea di un Pirandello postmoderno, di un Pirandello cioè diverso da quello che finora ci ha proposto la critica a volte ingarbugliando il discorso sull'autore, costruendo e presentando "centomila" volti, numerose immagini di Pirandello: il realista, il surrealista, l'esistenzialista, il rivoluzionario, l'inverosimile, il grottesco, il cerebrale, l'impietoso, il nichilista, ecc.

Insomma in ogni occasione si è sempre creato un Pirandello "a suo modo". E lo stesso Pirandello, in una lettera al critico italo-americano Domenico Vittorini, dice di non riconoscersi nei "tanti Pirandello che vanno in giro da un pezzo nel mondo della critica internazionale, zoppi, deformi, tutti testa e niente cuore[1]".

Se qui si suggerisce l'immagine di un Pirandello postmoderno è perché si vuol sottolineare che egli è uno scrittore sempre all'avanguardia e sempre di grande attualità, che parla in tanti modi alle nuove e future generazioni di scrittori, di lettori, e di spettatori, a un mondo odierno in preda alla metamorfosi, a un vertiginoso cambiamento che sta smarrendo gli alti valori dell'esistenza, inclusi quelli ideologici, spirituali, ed artistici.

Questo è uno dei messaggi topici dei *Giganti della montagna*, che viene rappresentato per la prima volta il 5 giugno 1937 a Firenze, in occasione del "maggio fiorentino", nel "Giardino di Boboli", con la regia di Renato Simoni e con l'interpretazione di Andreina Pagani, di Memo Benassi, di Carlo Ninchi, e di Salvo Randone nei ruoli principali.

---

[1] La lettera fa da "introduzione" al testo di D. Vittorini, *The Drama of Luigi Pirandello*, Philadelphia, Philadelphia University Press, 1935.

Alberto Savinio, presente alla prima, mette in risalto la perfezione dell'allestimento, grazie alle cure del regista e all'architettura dello sceneggiatore, mentre considera molto bella la parafrasi del corteo dell'angelo Centuno, impostata su illustrazioni filiformi di Botticelli per la *Commedia* dantesca[2].

Dopo questa "prima" postuma, Giorgio Strehler è il regista di tre allestimenti dei *Giganti della montagna* per il "Piccolo Teatro di Milano": la messinscena del 1947 si avvale dell'interpretazione di Lilla Frignone e di Camillo Pilotto, e delle musiche di Fiorenzo Carpi; quella del 1966 affida i ruoli principali a Valentina Cortese e a Turi Ferro, le scene e i costumi a Enzo Frigerio; quella del 1994 ha per protagonisti Andrea Jonasson e Giancarlo Dettori, e riscuote grande fortuna anche quando viene portata in giro per le grandi metropoli del mondo, inclusa New York. In occasione di quest'ultima messinscena Strehler disse: "c'è un tema profondo, ricorrente, nella grande cultura greco-europea: quello dei mitici *Giganti* che vogliono impadronirsi del potere celeste, universale. Ma vengono sconfitti, proprio quando sembrano aver vinto. Questa radicata, inquietante presenza tocca l'ultimo Pirandello che in quest'opera incompiuta, la rap-

---

[2] A. SAVINIO, *I giganti della montagna al Maggio Fiorentino*, "Omnibus", 12 giugno 1937, ora in A. SAVINIO, *Palchetti romani*, Milano, Adelphi, 1982, pp. 63-68.

presenta nel teatro, nella poesia e la innesta dentro il tema più generale della Rappresentazione"[3].

Benché *I giganti della montagna* sia un dramma complesso e difficile da portare sul palcoscenico, attraverso gli anni non sono mancati altri registi che vi ci sono cimentati. Emblematica è la messinscena che ne fa il regista Guido Salvini nel 1959; il regista Carlo Quartucci nel 1989; il regista Mauro Bolognini nel 1989; il regista Walter Le Moli nel 1991; il regista Maurizio Panici nel 2002. Sperimental-avanguardistica risulta anche la messinscena che ne fa il regista Mario Missiroli, nel 1979, per il "Teatro Stabile di Torino" con l'interpretazione di Gastone Moschin e Anna Maria Guarnieri[4]; che ne fa il regista francese Georges Lavaudant quasi un quarto di secolo; e che ne fa il regista Nanni Garella, nel 2001, per il dipartimento "Usl Bologna Nord", dove attori allievi, disturbati mentali, recitano con attori professionisti[5].

Il teatro di Pirandello ha una lunga e ricca tradizione a Fano. Grazie anche al rapporto del dramma-

[3] Si veda il sito http:/xoomer.alice.it/brdeb/opere/pirandello04.htm

[4] Per ulteriori informazioni si rimanda al volume *Missiroli: I giganti della montagna*, Torino, Multimmagini Editore, 1980.

[5] Per informazioni dettagliate su queste messinscena si rimanda ad A. BISICCHIA, *Per una storia delle rappresentazioni dei "Giganti della montagna" 1937-2002*, in *I giganti della montagna, progetto per un film*, a cura di E. Lauretta, Agrigento Edizioni Centro Nazionale Studi Pirandelliani, 2004, pp. 127-155.

turgo con Ruggero Ruggeri (nato a Fano il 14 novembre 1871 e morto a Milano il 20 luglio1953) che debutta come giovane attore nel 1888 nell'*Agnese* di Cavallotti[6]. Egli è indiscusso protagonista del cinema muto e sonoro del primo Novecento, e uno dei più grandi attori di teatro d'ogni tempo. Già verso la metà del 1890 diventa primo attore della compagnia di "Ermete Novelli", e poi della compagnia delle sorelle "Gramatica", di "Virginio Talli", di "Oreste Calabresi", ecc., al suo fianco recitano i più illustri attori ed attrici del suo tempo, che faranno la storia del teatro italiano quali Emma Gramatica, Tilde Teldi, Lyda Borelli, Wanda Capodoglio; è interprete geniale di tanti drammi di scrittori moderni (ad esempio, Shakespeare, Wilde, Sardou, D'Annunzio); è amico di parecchi scrittori e personaggi di cultura del suo tempo, incluso D'Annunzio; ha un felice rapporto di lavoro e di amicizia con il drammaturgo agrigentino: in una lettera al figlio Stefano del 29 novembre 1918 Pirandello scrive che tra gli attori italiani "tranne Ruggeri, non [lo] contenta nessuno"[7]. Egli è il suo attore perferito, come mostra anche la loro corrispondenza epistolare.

---

[6] Per ulteriori ragguagli sulla vita dell'attore si veda *La cesta di Ruggero Ruggeri taccuini lettere caricature immagini*, a cura di G. Lopez, Genova, De Carlo Editore, 1980.

[7] Citata da G. GIUDICE, *Pirandello*, Torino, UTET, 1963, p. 323.

Ruggero Ruggeri s'impone presto come interprete brillante dei drammi di Pirandello, molto apprezzato da parte della critica e del pubblico. Incomincia a interpretarli nel 1914[8]. E recita con grande successo *Il piacere dell'onestà* nel 1917, *Il giuoco delle parti* nel 1918, *Tutto per bene* nel 1920, *Enrico IV* nel 1922, *Vestire gli ignudi* nel 1923. Nel 1925 l'attore, all'età cinquantaquattro anni, entra nella "Compagnia del Teatro d'Arte" diretta dallo stesso Pirandello, la quale a Roma, a Parigi, a Londra, e in altri paesi, ha entusiastiche accoglienze e trionfi anche per la sua interpretazione del *Piacere dell'onestà* e dell'*Enrico IV*. Più tardi Ruggeri interpreta altri drammi pirandelliani, quali *Non si sa come* nel 1935, *Sei personaggi* nel 1936, *Così è (se vi pare)* nel 1939, *L'uomo dal fiore in bocca* nel 1949. *Tutto per bene* ed *Enrico IV* vengono recitati da Ruggeri anche nella tournée che si conclude a Napoli nel maggio del 1953, due mesi prima della sua scomparsa.

"Non si sa" se il manoscritto dell'atto unico *L'epilogo* (scritto da Pirandello nel 1892 e pubblicato per la prima vola su "Ariel" il 20 marzo 1898, più tardi intitolato *La morsa*) che si conserva alla biblioteca del comune di Fano sia capitato nelle mani di Ruggeri. E "non si sa" perché questo grande attore non sia stato chiamato a interpretare *I giganti della montagna*. Indubbiamente la parte di Cotrone sarebbe stata per-

---

[8] *Ibid.*, p. 307.

fetta per Ruggeri tanto quanto lo era stata quella di Enrico IV, che Pirandello aveva scritto appositamente per lui. Come illustra una sua lettera all'insigne attore del 21 settembre 1921, nella quale lo scrittore mentre riassume la trama dell'opera, ne indica in misura dettagliata i contenuti, la "profondità filosofica", le linee ermeneutiche, e chiede pareri e commenti allo stimatissimo attore: "Caro amico [...], Le dissi a Roma l'ultima volta che pensavo a qualche cosa per Lei. Ho seguitato a pensarci e ho maturato alla fine la commedia, che mi pare tra le più originali: *Enrico IV* [...] L'argomento mi pare degno di Lei e della potenza della Sua arte. Spero che riuscirò a renderlo, perché l'attività della mia fantasia è ora più che mai viva e piena e forte. Ma prima di mettermi al lavoro, vorrei che Ella me ne dicesse qualche cosa, se lo approva e Le piace"[9].

---

[9] Citata dal sito http://www.classicitaliani.it/pirandel/pira0026.htm

Pirandello postmoderno?

1. *Il mito*

Luigi Pirandello, nato ad Agrigento nel 1867 e morto a Roma nel 1936, è indubbiamente una figura di scrittore rivoluzionario, davvero "epocale" nel mondo contemporaneo. Dall'inizio degli anni Venti il suo pirandellismo diventa una moda e un fenomeno artistico-culturale, che influenza scrittori italiani e stranieri di ogni formazione, di ogni generazione, di ogni tipo di ispirazione[1].

Nella sua vasta produzione la ricerca artistica (e quindi umana) è intensa, inquietante, e tende costantemente a rinnovarsi, servendosi anche del mito, da quello biblico-cristiano a quello della civiltà greco-ro-

---

[1] Si vedano ad esempio *Atti del congresso internazionale di studi pirandelliani*, Firenze, Le Monnier, 1967, pp. 77-274; A. ILLIANO, *Introduzione alla critica pirandelliana*, Verona, Fiorini, 1976, pp. 183-208; e i miei studi: 1) *Linea pirandelliana nella narrativa contemporanea*, Ravenna, Longo, 1990; 2) *Pirandello nell'America Latina*, Fiesole, Cadmo Edizioni, 2001; 3) *Pirandello. Presenza varia e perenne*, Pesaro, Metauro Edizioni, 2007.

mana, a quello del mondo epico-cavalleresco. Baste-rebbe pensare ai suoi poemetti imperniati sul rifacimento della mitologia classica di *Scamandro* e di *Laòmache*; ai versi giovanili di *Mal giocondo* e di *Pasqua di Gea* che si cimentano sui miti della donna angelica, della madre terra, dell'acqua, del risveglio della natura, del tempo ciclico, ecc.; a certe sue novelle che fin dal titolo si ispirano a figure mitiche della letteratura occidentale, da "Belfagor" al Picaro, al Brigante (ad es. *Lo spirito maligno, Guardando una stampa, La cattura*); o a scene dei suoi romanzi che si rifanno addirittura al mito di Medea madre matrigna (ad es. *Suo marito*)[2].

La mescolanza di miti, di archetipi, e di immagini di civiltà diverse ed opposte, che sarà molto sfruttata dalla letteratura postmoderna (cfr. ad es. *Cien años de soledad* di Gabriel García Márquez, *Silvinia* di Giuseppe Bonaviri, *Gladiatori* di Antonio Franchini), è una tecnica rappresentativa già prediletta dal giovane Pirandello, in svariate poesie ad esempio, animate dal tono della favola, che si ispirano ai volti di Gesù. In *Tormenti* si impone quello di un Gesù espiatorio della colpa e sublimatore della sofferenza. E questo Gesù si identifica e trova il suo doppio in Sisifo. Il fardello del peccato dell'umanità assunto da Cristo corrisponde a

---

[2] Per ulteriori informazioni a proposito si vedano i miei saggi: *Pirandello e i classici. Da Euripide a Verga*, Fiesole, Edizioni Cadmo, 1995, e *Le sorprese dell'intertestualità: Cervantes e Pirandello*, Torino, SEI, 1995.

quello del masso portato da Sisifo. La momentanea tregua che succede al momento della crocifissione corrisponde a quella che Sisifo sperimenta quando si siede sul masso in cima al monte. La croce di Sisifo si è fossilizzata in una penosa *routine*. Pirandello, suggerendo con grande maestria una gamma di analogie tra questi due miti di religioni così diverse, arriva a un Sisifo che cristianamente invoca Gesù esaltando il dolore: "Grazia, Gesù!\ Sia benedetta la condanna mia!"[3]. E non è forse il racconto di *Ciaula scopre la luna* un rifacimento in chiave realistica del mito di Sisifo?[4]

In Pirandello la presenza del mito è altrettanto frequente che negli scrittori contemporanei che danno vita alla letteratura del postmodernismo, come attestano le opere di narratori americani quali Thomas Pynchon, John Barth, Robert Coover, E.L. Doctorow, Toni Morrison, ed italiani quali Vincenzo Consolo, Luigi Malerba, Sebastiano Vassalli, Erri De Luca, Stefano Benni, per non dire di drammaturghi come il Paolo Puppa di *Parole di Giuda* (Pesaro, Metauro Edizioni, 2007). Ma in Pirandello il mito spesso si esprime con i mezzi dell'ironia filosofica, come si potrebbe osser-

---

[3] L. PIRANDELLO, *Saggi, poesie, scritti vari*, Milano, Mondadori, 1973, p. 682. D'ora in poi l'iniziale S e il numero della pagina nel testo rimanderanno a questa edizione.

[4] Si veda a proposito il mio intervento su *Pirandello mitico*, "Italian Quarterly", 84, 1981, pp. 121-124.

vare nella novella *Il tabernacolo* in cui un povero disgraziato dei nostri giorni, emarginato da una società ingiusta, si incarna nella figura dell'Ecce Homo, e in altri racconti in cui il mito personale si fonde anche per via del contrasto con il mito collettivo (*Un Coppo, Suo marito, Si gira*). In Pirandello il mito (incluso quello panteistico o evangelico-francescano, – ad es. *Canta l'epistola, Pasqua di Gea, Uno, nessuno e centomila*) viene usato anche per articolare motivi di crisi, di sdoppiamento e raddoppiamento del personaggio autobiografico nei *Due giganti*, un racconto – pubblicato su "L'Illustrazione italiana" il 4 giugno 1916 – da cui origina il dramma *I giganti della montagna*. Del mito Pirandello fa uno strumento di ricerca molto originale, innestandovi idee e filosofie che mettono l'individuo in rapporto con una società disumana, crudele, egemonica. E questo viene a galla in opere postmoderne, da *Agli dèi ulteriori* di Giorgio Manganelli a quelle dei *cannibali*, a quelle della *pulp-fiction*.

Nelle opere pirandelliane i miti tradizionali, inclusi quelli del mondo dantesco, vengono trasformati o contaminati, manipolati, sdoppiati, capovolti, giocati su una scacchiera di specchi, soprattutto mediante la fantasia di un umorismo anche colorito e favoloso, per avvicinare spazi e tempi diversi, per fondere culture e luoghi disparati, e per esprimere a volte accettazione a volte negazione. E questa è una lezione ben assimilata dagli scrittori postmoderni che attingono all'immenso serbatoio dei miti (ad es. Márquez, Eco, Tabucchi). Da Pirandello imparano a usare i miti tradizionali per spiegare la realtà dei nostri giorni, onde i personaggi di Tabucchi, di Franchini, di Di Stefano, e di altri scrittori d'oggi riflettono pirandellianamente sulla vita e non la vivono. Pirandello è un *myth maker*, un creatore di miti che costantemente guarda al passato, al presente e al futuro della nostra storia, per arrivare a dimensioni universali e all'astorico, per delineare uno spazio-tempo che annulla il flusso delle cose, la natura ciclica e il divenire del tempo. Come tra l'altro mostra il dramma mito *I giganti della montagna*. Nel quale l'autore sembra preferire il procedimento fantastico-umoritico di scomposizione e di ricomposizione del mito, sia esso cristiano, o popolare, o letterario, perché il suo interesse è di ricercare nel noto e nell'ignoto, nel reale e nell'irreale, nell'infinitamente grande e nell'infinitamente piccolo, e vedere l'uomo in rapporto con se stesso, con la società, e con il cosmo.

Nell'ultima fase creativa di Pirandello il mito si presenta con significative innovazioni, essendo influenzato da quegli studi che se ne fanno negli anni Venti da mitologi, da antropologi, da sociologi, e dai seguaci di Freud, anche se padroneggiano le teorie del Frazer, che ispirano altri scrittori, da Thomas Mann a Massimo Bontempelli, ad Alberto Savinio, e a esordienti quali Vittorini, Pavese, Landolfi.

Tuttavia ogni scrittore definisce e utilizza a suo modo il mito. Ma lo scrittore postmoderno sembra vicino all'ultimo Pirandello che lo concepisce soprattutto come ideale, sogno, utopia, drammatica speculazione conoscitiva che auspica un mondo migliore rispetto a quello nostro contemporaneo.

2. La nuova colonia

Nella *Nuova colonia* (1928) c'è la tematica del mito sociale che viene subito messo a fuoco nell'apertura che si svolge all'interno di una taverna con marinai, pescatori, vagabondi, emarginati, prostitute, contrabbandieri, simbolo di una società minacciata dalla corruzione.

Pirandello sembra rendere Tobba la voce della saggezza che riesce a svegliare negli altri la curiosità e il desiderio di un'isola, usata anni addietro come penitenziario, "il paradiso degli uomini cattivi"[5]. Si tratta di una parlata che rivela Tobba un sacerdote-profeta che, come quella di certi personaggi mitici di Márquez, di Franchini, e di altri scrittori postmoderni, condanna il male e la cattiveria umana, vede ed inter-

---

[5] L. PIRANDELLO, *Maschere nude*, vol. II, Milano, Mondadori, 1971, p. 1066. D'ora in poi l'iniziale M e il numero della pagina nel testo rimanderanno a questa edizione.

preta "la parola divina", Dio e il suo creato. La sua parlata infatti s'infittisce di riferimenti al cielo, alla luce, al sole (segno di Dio), alla giustizia divina, dalla quale egli attende aiuto, pur sapendo il vecchio detto che Dio aiuta l'uomo che aiuta se stesso, e alla volontà di Dio da cui ogni cosa dipende.

Tra questa umanità c'è chi vuole diventare discepolo di Tobba. Come La Spera. Una prostituta venuta a ricercare l'amante Currao. La presenza della Spera riaccende antiche rivalità che fanno ricordare quelle matrici di tante vicende della *Bibbia*, soprattutto tra Currao e Crocco. Ma è proprio la perorazione della Spera che stimola tutti ad intraprendere il viaggio verso l'isola. Così l'isola della penitenza, dell'espiazione di chi è stato condannato, un altro inferno della vita si trasforma in un luogo ideale, in una terra vergine, in uno spazio incontaminato, un paradiso terrestre: bella, pulita, idillica da una parte, pericolosa dall'altra parte. Qui potrà radicarsi una sorta di utopistico comunismo evangelico, sognato anche da personaggi di scrittori postmoderni, come quelli di Isabella Santacroce che sono all'ultimo gradino della scala sociale, emarginati o delusi della vita. La redenzione, la nascita del nuovo Adamo, verrà operata attraverso il lavoro e la solidarietà. La trasformazione della Spera diventa un *leitmotiv* variegato anche nelle opere delle scrittrici che arricchiscono il discorso del neofemminismo (realizzando figure di madri o no, ad es. Dacia

Maraini, Barbara Alberti, Silvia Balestra, Simona Vinci, Flaminia Lubin), discorso che secondo la studiosa Linda Hutcheon è una componente chiave del post-modernismo[6].

Mentre Currao incomincia ad assumere l'aspetto del nuovo Adamo, la Spera da prostituta, da Maddalena peccatrice e penitente, diventa serva-madre di tutti, si prodiga nell'aiutare ed accudire con amore, un esempio per tutti gli altri d'incarnazione dei principi cristiani. La trasfigurazione della Spera in immagine di madre ideale era iniziata col miracolo del latte, con cui allatterà il figlio e Tobba interpreta il miracolo come un segno di approvazione da parte di Dio per il viaggio verso l'isola.

Si tratta di un viaggio emblematico anche nel senso che recupera l'itinerario verso la "terra promessa", come illustra la rappresentazione cromatica dell'isola che ossessivamente insiste su certi colori tra cui spicca il verde. La natura dell'isola diviene voce, strumento di Dio, esercita il suo fascino e trascina in esperienze mistiche, e incide sulla evoluzione spirituale della Spera. La quale sola infatti si identifica col paesaggio ideale, sicché ambedue, l'isola e La Spera rappresentano l'utopia di una mitica umanità incontaminata e redenta, e si stabilisce una serie di rimandi

---

[6] Si veda L. HUTCHEON, *The Politics of Postmodernism*, New York, Routledge, 1989, pp. 141-168.

simbolici tra isola-madre-Spera. Così l'isola non può non forgiarsi l'emblema dell'Eden ritrovato, e la profezia di Tobba si fa ammonimento rivelatore: "L'isola non affonderà, finché ci staremo senza peccare" (M, 1106).

Ma da quando i coloni ci mettono piede l'Eden incomincia a corrompersi. Sorgono litigi, invidie, odi, complotti. Gradatamente l'isola diventa una "selva oscura" di discordie, di vizi, di peccati; e nell'opera di parecchi scrittori d'oggi la società postmoderna è una "selva oscura", come suggerisce fin dall'amara ironia del titolo il romanzo di Walter Siti, *Troppi paradisi*. La Spera è il bersaglio dello scherno di coloro che non tollerano la sua funzione di modello di altruismo. Fin dall'inizio il capo dell'opposizione è Crocco, che diventa il serpe "intrigante" e bugiardo di questo Eden, e poi il Giuda che andrà a patteggiare col nemico. Anche il protagonista del dramma-monologo *Parole di Giuda* di Paolo Puppa è un individuo d'oggi che indossa e sa portare, come Enrico IV ed altri personaggi di Pirandello, la maschera del personaggio storico e diabolicamente aspira a vendicarsi, a farsi giustizia. Crocco e la Spera recuperano vari aspetti dei miti di Mefistofile e della Madonna, e rappresentano le due forze opposte del bene e del male, dell'egoismo e della carità, operanti nella storia. La Spera è costretta ad opporsi sia agli egoismi degli altri che agli estremismi di Crocco. Con l'arrivo di nuovi coloni l'Eden si trasforma nel paradiso terrestre dopo il "peccato originale". Molte azioni ora si costruiscono sulla falsariga di quelle bibliche. La Spera viene insultata, le ricordano il passato di prostituta e le sputano in faccia. Emerge il caos: uomini e donne si abbandonano ad una festa orgiastica, che segna la profanazione finale del luogo, e nel frattempo Crocco coglie l'occasione di tramare azioni sinistre anche per uccidere Dorò, che La Spera vorrebbe salvare, dando vita a una invocazione con un linguaggio quasi profetico ed apocalittico: "Se nessuno mi vorrà credere, s'aprirà la terra! s'aprirà la terra!" (M, 1154).

Dal cataclisma dell'isola inghiottita dal mare, sola La Spera si salva col figlio sul "punto più alto della prominenza", appellandosi di nuovo a Dio. Si tratta di una chiusura simbolica intrisa di miti di vario genere. Lo stesso drammaturgo ci aiuta a comprenderla quando la commenta confrontando la salvazione della "santa col bimbo", ossia della Madonna col bimbo Gesù, e la fatalità toccata agli altri, e assegnando al mito "storico" una funzione proiettata non tanto nel presente ma piuttosto nell'avvenire, in un futuro utopico: e così "ancora una volta rinasce il mito del miracolo e della fede"[7]. Una funzione che sarà assegnata

---

[7] Intervista rilasciata a R. DRIOLI, *"La nuova colonia": I nuovi lavori di Pirandello nel pensiero dell'autore*, "Gazzetta del Popolo", 12 giugno 1926.

al mito da vari scrittori postmoderni che lo collocano nella dimensione del realismo magico o della fantascienza o del fantastico, come non è difficile vedere in varie creazioni di Gabriel García Márquez, di Italo Calvino, di Antonio Tabucchi.

Questa salvazione della Spera, oltre a richiamare il motivo suggerito nella *Bibbia* che la donna si salva mediante la maternità, è stata interpretata dagli studiosi in tanti modi, anche come la sublimazione non solo dell'immagine della Madonna ma anche di quella della madre universale, o di una madre-terra-acqua che si rigenera e si rinnova in un perpetuo ciclo cosmico, o di una Grande Madre che pur sintetizzando svariati archetipi anche della tradizione mitologica, divora i propri figli e che si vendica e trionfa sui cattivi, nonostante l'appello finale della Spera connoti non questa vittoria ma un possibile rigenerarsi solo attraverso l'amore, la fede in un amore universale, al servizio di tutti.

Di fatti qui le connotazioni, le significazioni e le possibilità d'interpretazione si intrecciano suggerendo persino contraddizioni, paradossi e messaggi irreconciliabili. Il significato di questa monumentale figura materna certamente esprime ed è un riflesso del paesaggio che la circonda, dall'ambiente dell'osteria portuale con il tanfo dell'acqua fetida a quello dell'isola verde circondata dal tremolio delle acque turchine, fino a questo isolamento finale sopra il gran mare della vita. E l'immagine dell'acqua marina che percorre l'opera fino all'annegamento finale non può non significare quella fonte di vita e di morte, che l'acqua rappresenta dalle prime pagine della *Genesi* all'episodio del diluvio.

Infatti i punti di contatto di questa scena finale con la *Bibbia* sono numerosi. Il precipitare dell'isola nell'abisso ricorda la "caduta di Babilonia", sommersa dalle acque, e "la famosa prostituta" di Babilonia, raffigurata nell'*Apocalisse* ("la gran meretrice che è assisa sopra le vaste acque"[8]), non può non essere stata una fonte d'ispirazione per la Spera, rimasta sulle acque, per farsi allegoria anche dell'individuo caduto nella forma di una punizione-condanna che è redenzione, un'allegoria che si può intravedere anche nella scrittura di opere neofemministe quale il romanzo *Buonanotte Angelo* di Barbara Alberti.

Presentando una rete di possibili messaggi, una complessità di riferimenti intertestuali, e un intreccio di archetipi e di mitemi pregni di significati allusivi, questa chiusura collabora efficacemente a rinforzare il temperamento postmoderno dell'autore spesso teso a dar vita a un'opera stratificata e polisemica, che si presta a più letture ed interpretazioni, che è significativamente "aperta".

---

[8] *La sacra bibbia*, Roma, Edizioni Paoline, 1968, pp. 1383-1385.

3. *Lazzaro*

In *Lazzaro* (1929) c'è la tematica del mito religioso che incorpora una dovizia di problematiche e motivi che si aprono a una rigorosa indagine epistemologica. E in particolare esplora vari tipi di fede: la formalistica, la panteistica, l'altruistica, rappresentate dai personaggi di una famiglia tutt'altro che sacra e che di solito in Pirandello e negli scrittori postmoderni, appare come un luogo di contrasti e disaccordi, un ambiente infernale.

Nel primo atto l'ambientazione è il giardino della casa di Diego Spina, un giardino cittadino, emblema di spazio chiuso e prigioniero, e orto infecondo, recintato con muro su cui è configurato "uno squallido Cristo" (M, 1164). Anche questo Cristo, come quello di altre opere pirandelliane e di racconti postmoderni (ad es. *Storia di Gesù* di Rodolfo Doni[9]), fa da sfondo alla rappresentazione di un tipo di religione istituzionalizzata, dogmatizzata, di un cattolicesimo gretto, austero, formale, che crede la sofferenza in questa vita necessaria per la ricompensa nell'altra. Ne è la personificazione il padre Diego Spina. Ora la "spina" di Diego è quella di avere una figlia paralizzata, e

---

[9] Nella mia "Postfazione" a RODOLFO DONI, *Storia di Gesù*, Milano, Paoline, 2005, pp. 315-328, si analizza la natura postmoderna di quest'opera.

di vedere la moglie Sara che vive nel peccato dell'adulterio. L'apparizione di Sara "sullo sfondo del cielo infiammato", "tutta rossa e col manto nero" (M, 1179), è ricca di significati, e i colori alludono anche a quelli del sacro e del profano. Appare anche a guisa di una Dea miracolosa e demonica ad "annunziare" al marito che il figlio preso da una crisi s'è tolto la tonaca.

Sara non solo ricorda diverse donne della mitologia antica, e soprattutto della *Bibbia*, dalla Sara di Abramo alla saggia Rut simbolo (che affascina anche l'immaginazione mitopoietica del giovane Pirandello, cfr. *Sinfonia rurale* S, 806), ma in certi aspetti è anche una variazione della Spera della *Nuova colonia*, come è una variazione dell'isola di quel dramma, il podere in cui si è ridotta a vivere col nuovo compagno. Lo descrive come un paesaggio ideale, un paradiso terrestre ricco di vegetazione, di sole e d'acqua, che sembra l'acqua sorgente di vita della *Genesi*, nonché del battesimo e della purificazione, e dove si pratica l'etica sacra del lavoro.

Come la Spera della *Nuova colonia*, anche Sara in quest'Eden si trasforma. Il suo contatto con la terra richiama figure della mitologia classica, incluse Demetra e Persefone, e l'idea biblica dell'uomo che è terra e polvere. Anche i personaggi femminili delle narrazioni postmoderne (ad es. di Maraini, di Alberti, di Santacroce) richiamano figure di questa mitologia se pur soggette ad altri tipi di trasformazioni. Tutto sommato è una rinascita da una vita di morte che Diego non comprende, troppo sprofondato com'è nella sua fede che si basa sulla trascendenza, mentre quella di Sara si basa sulla immanenza che, secondo la visione pirandelliana, permette di amare Dio anche vivendo appieno questa vita che ci ha dato. Fede in un Dio immanente, il cui regno deve innanzitutto essere questo della nostra esistenza, in una totale immersione con la vita delle cose e della "natura", in un lavoro che non è condanna ma gioia, in armonia con tutto il paesaggio naturale e quotidiano. A far fiorire Sara in modo salubre, fisicamente e spiritualmente, contribuisce anche l'amore di Arcadipane, un nome alludente alla salvazione dell'arca di Noè e al nutrimento del pane: ma mentre lui appare quasi un novello Adamo "uscito dalle mani di Dio" (M, 1199), Sara sembra compiere la resurrezione in una sorta di Eva moderna.

Sara rivela a Diego che il figlio Lucio è ritornato da lei. L'incontro avviene nell'orto e la madre dapprima non riconosce il figlio e poi lo abbraccia. L'incontro pare una situazione analoga a un episodio del *Vangelo* di Giovanni, e ricalca miti classici, specie quelli erotici e sessuali della tragedia greca, quale *Edipo re* di Sofocle, che diventa un *cliché* postmoderno (ad es. *Buonanotte Angelo* di Barbara Alberti, *Talk Show* di Luca Doninelli, *Superwoobinda* di Aldo Nove).

Lucio, reindossando la tonaca che emblematizza il mito dell'eterna immolazione, diventa il nuovo apostolo di un genuino evangelismo, sorretto dall'amore, dalla carità e dal sacrificio per gli altri, dalla fede in un Dio nel quale "non si muore" (M, 1217), che è costantemente presente ed eterno nella vita.

La fede evangelica, altruistica e dell'amore di Lucio porta alla resurrezione il padre e infine anche Sara, come la sorella paralitica. E così Pirandello chiude *Lazzaro* con un'altra resurrezione che è ritenuta un "miracolo" da tutti gli astanti, rassomiglianti al coro del dramma classico che armoniosamente si esprime con un'unica voce e linguaggio.

Questo dramma rivela in Pirandello la condotta tipicamente postmoderna della riscrittura di un sistema di miti che scompone anche paradossalmente gli archetipi della *Genesi* e del *Nuovo testamento*, e l'uso ricco e puntiglioso del plurilinguismo (che Pirandello sfrutta anche in opere apparentemente veriste quale *Liolà*), del lessico religioso, di proverbi, di espressioni e di referenti polisemici, quali "resurrezione", "sacrificio", "amare", "carità", "pietà", "miracolo", "fede" che indubbiamente arricchiscono la portata religiosa del dramma; ma una riscrittura che rimanda a opere postmoderne, inclusi i racconti *Storia di Gesù* di Rodolfo Doni e i drammi *Il quinto evangelista* di Mario Pomilio e *Parole di Giuda* di Paolo Puppa. Inoltre affiora in questo dramma la straordinaria bravura dell'autore nell'innestarvi emblemi, archetipi, e miti di culture e civiltà lontane nel tempo e nello spazio, come la figura di Cico, un personaggio apparentemente semplice, molto strano, assurdo, dai volti che vanno dal vagabondo scettico all'aedo e cantastorie di filastrocche popolari, dal missionario predicatore "della casa di Dio sia di là che di qua" al satiro bucolico (M, 1168-1170); una figura "fuori di chiave" che sembra imparentata a quelle del saggio strambo vivo nelle trame di Antonio Tabucchi, di Antonio Franchini, e di altri scrittori postmoderni.

4. *I giganti della montagna*

Nei *Giganti della montagna* c'è la tematica che riguarda il mondo dell'arte. Su quest'ultimo dramma mito Pirandello riflette e lavora per anni, pubblicandone il primo atto nel 1931 (poi diviso in due "momenti") e il secondo atto nel 1934 (divenuto il terzo "momento"). Non riuscendo a completarlo forse per gli acciacchi della vecchiaia e per i tanti impegni da svolgere come autore ormai famoso anche per aver ricevuto nel 1934 il Premio Nobel, poco prima di spegnersi detta la trama dell'ultimo atto al figlio Stefano (l'epilogo considerato il quarto "momento").

I giganti della montagna è un'opera incompiuta che sintetizza parecchi elementi della poetica pirandelliana precedente, mentre ne elabora ed introduce di nuovi, e in modo particolare quelli relativi al discorso metateatrale, "ai problemi della creazione e della comunicazione artistica"[10], anche se quasi tutti trattati in modo singolare sia nella trilogia del teatro nel teatro: *Sei personaggi in cerca d'autore* (1921), *Ciascuno a suo modo* (1924), *Questa sera si recita a soggetto* (1930), e in altri drammi quali *Enrico IV* (1922) con la figura dell'intellettuale, *Diana e la Tuda* (1927) con quella dello scultore, *Trovarsi* con quella dell'attrice (1932), *Quando si è qualcuno* (1933) con quella dello scrittore, sia nel corpus delle *Novelle per un anno* (che quasi sempre nel taglio, nella struttura, e nella forma sono di natura drammatica, tanto che Pirandello le traduce in dramma: circa ventinove dei suoi drammi provengono dalle novelle).

Se Pirandello è uno scrittore all'avanguardia anche per l'uso originale che fa del mito, e se è vero, com'è vero, che il postmodernismo è un fenomeno artistico che esiste e che inizia a nascere attorno agli anni Trenta, allora si deve considerare questo scrittore uno dei padri più illustri della poetica postmoderna. L'opera che meglio lo rappresenta in questa veste è indubbiamente i *Giganti della montagna*, essa contiene parecchie componenti chiave della scrittura postmoderna, come si tenterà di mostrare nel corso di quest'analisi.

I giganti della montagna è un'opera che si svolge in un "tempo e luogo, indeterminati: al limite, fra la fa-

[10] U. MARIANI, *La creazione del vero. Il maggior teatro di Pirandello*, Fiesole, Cadmo Edizioni, 2001, p. 112.

vola e la realtà" (M, 1309). E precisamente in un ambiente che è una sorta di isola cosmica, di mondo onirico, misterioso, magico, ricco di miracoli e di rivelazioni, popolato da spiriti, fantasmi, spettri, dove si erge la villa abitata da Cotrone e dai suoi Scalognati ("COTRONE – dice – Siamo qua come agli orli della vita […] Respiriamo aria favolosa […], è una continua sborniatura celeste […], tutte le cose che ci nascono dentro sono per noi stessi uno stupore" M, 1337-1340).

È un'ambientazione che Pirandello attraverso processi di ibridazione ricrea a spazio simbolico in cui vive "tutto l'infinito ch'è negli uomini" (M, 1337), di spazio dell'inconscio, oltre che di eldorado e di perfetta società. Ma questo mondo ideale è contaminato dalla valenza ironica tesa a connotarlo un luogo degli *esclusi*, che accoglie gente rifiutata e che rifiuta, persino la ragione a favore dell'immaginazione.

È un'ambientazione che ricorda la villa medioevale di *Enrico IV* nel senso di luogo isolato, in cui il personaggio emarginato di Pirandello, sia esso Enrico IV o Cotrone coi suoi Scalognati, si rifugia contro voglia; azione che allegorizza sia l'impossibilità e la negazione di vivere nel mondo degli uomini (che, secondo qualche studioso, si identificano con una realtà filistea[11]), sia una fuga dolorosa e disperata, come quel-

---

[11] *Ibid.*, p. 119.

la del protagonista di *Rimedio: la geografia*. Ma la favola pirandelliana si avvale del surrealismo per drammatizzare e capire la natura di tale evasione, per andare oltre la superficie delle cose, per scavare nei misteri della coscienza e nei comportamenti umani, da quelli più irrazionali a quelli che più fanno soffrire l'uomo.

È un'ambientazione affine a quella delle novelle surrealistiche dell'ultimo periodo di Pirandello quali *Soffio, Effetti di un sogno interrotto, Di sera, un geranio, Una giornata*. Certamente Pirandello non avrebbe potuto scrivere *I giganti* senza l'esperienza creativa di queste e di altre novelle e drammi venuti alla luce in periodi precedenti: basterebbe pensare alla novella *La realtà del sogno* (1914) e agli atti unici *All'uscita* (1926) e *Sogno (ma forse no)* (1929), opere in cui la tematica freudiana dell'inconscio viene trattata con squarci lirici e toni mitico-favolosi. E così si riesce a capire che il mito incompiuto ci presenta la novità di un Pirandello postmoderno che, rivangando un fascio di elementi già cospicuamente sfruttati, si mette sulla strada di una rielaborazione efficace e di un citazionismo insolito. Non dei testi del passato letterario come aveva già fatto in altre occasioni anche a proposito di testi dei tragici greci[12] o della letteratura dello spiritismo e teoso-

---

[12] A proposito di "Pirandello e il mondo greco" si veda il "Capitolo primo" del mio saggio *Pirandello e i classici. Da Euripide a Verga*, cit., pp. 21-60.

fica nel *Fu Mattia Pascal* (come le novelle *Personaggi* e *La casa del Granella*), di Ariosto nei *Romanzi* di *Mal giocondo*, di Montaigne nell'*Avemaria di Bobbio*, di Schopenhauer nel *Marito di mia moglie*, e persino dei *Fioretti* di San Francesco in *Quand'ero Matto* e in *Si gira*, ma della propria produzione, si mette sulla strada di un originale procedimento di autocitazione, di autoreferenza, di intertestualità, spesso segnati dall'ironia umoristica di multiforme qualità.

Questo aspetto dell'ironia traspare a cominciare dalla didascalia. Dove di nuovo Pirandello si rivela un fine narratore nel descrivere nei minimi dettagli e con approccio figurativo, di cui è esemplare l'abbondante impiego di uno o più aggettivi impressionistici, sia gli spazi paesistici che sembrano sorgenti di mutamenti temporali, di immagini cromatiche, e di presenze misteriose, sia gli oggetti e inclusi quelli inerenti all'arte della rappresentazione teatrale, sia le azioni e i suoni, sia le immagini dei personaggi che entrano ed escono improvvisamente dall'azione.

Nella didascalia Pirandello ama ritrarli con stile bozzettistico, focalizzandone i lineamenti esteriori, gli aspetti caratteriali, i comportamenti, sovente strani, bizzarri, grotteschi, di cui potrebbe essere paradigmatica la figura di Quaquèo: "è un nano grasso, vestito da bambino, di pelo rosso e con un faccione di terracotta che ride largo, d'un riso scemo nella bocca ma negli occhi malizioso" (M, 1311), e ponendo l'accento persino sui colori del loro vestiario, come ad esempio fa con La Sgricia: "è una vecchietta con un cappellino color viola sulle spalle. La veste a quadretti bianchi e neri è tutta pieghettata. Porta i mezzi guanti di filo. Quando parla è sempre un po' irritata e sbatte di continuo le palpebre sugli occhietti furbi irrequieti" (M, 1311). Spesso la descrizione della didascalia in Pirandello, come la descrizione in tanti scrittori postmoderni, parte dalla focalizzazione del fisico per illuminare il lato psicologico.

La rappresentazione dei personaggi fatta sia in queste didascalie che per bocca di altri personaggi non può non mettere in luce le sottigliezze dell'umorismo di Pirandello. Il quale in modi diversi sarà adottato dalla scrittura postmoderna, diventa sferzante e amaro come lo sarà in Sandro Veronesi, Franco Matteucci, Aldo Nove, e sviluppa i temi pirandelliani, dalla "forma" che cristallizza a morte le cose alla *condizione* dell'individuo spersonalizzato nella società dell'"apparenza" (ad es. *Tutti contenti* di Paolo Di Stefano, *Fiona* di Mauro Covacich, *Il sopravvissuto* di Antonio Scurati).

In Pirandello questi mezzi umoristici costellano la didascalia e l'azione parlata, come fa la similitudine con moduli ripetitivi e caricaturali ("Mara-Mara è una donnetta, che si può figurare come gonfiata, tutta imbottita come una balla" M, 1312), tesa a utilizzare l'immagine animale per focalizzare stati d'animo che registrano il crollo delle aspirazioni umane e metafisiche

("con quella testa levata e le ali cadute, come un uc-
cellino appeso, di quelli che si vedono a mazzo, legati
per i fori del becco" M, 1324, e cfr. 1360), forme di
sofferenza ("mi strinsi tutta in me per non mettermi a
guaire come una cagna" M, 1321), di alienazione-im-
prigionamento ("lei, come una tartaruga nella scaglia,
s'è trovata a casa" M, 1343), e di degradamento dell'uomo che si comporta come un animale ("ammazza un
uomo come una bestia" M, 1338). Un esiguo campio-
ne di *bestiario* che in questa accezione si trova in parecchie favole postmoderne (ad es. *Il pianeta irritabile* di
Paolo Volponi), anche in quelle che hanno a che fare
con la corruzione della neopolitica (ad es. *La bambina
dalle mani sporche* di Giampaolo Pansa, *Sono stato io* di
Oliviero Beha)[13].

Come nei *Sei personaggi* e in altri drammi pirandelliani, anche nei *Giganti della montagna* esiste una
supposta rappresentazione presentata in misura non
lineare ma frammentaria, una rappresentazione apparentemente caotica che spinge lo spettatore (il lettore) a metterne insieme e ordinarne i fili della trama,
una presenza che diviene un *topos* dei romanzi postmoderni (ad es. *Il pendolo di Foucault* di Umberto Eco),
con tecniche del *flashback* e del *flashforward* efficaci a

---

[13] Per ulteriori informazioni a proposito si veda il mio studio
Il bestiario di Pirandello, Pesaro Metauro Edizioni, 2001, e quello di
G.VELLI, *Bestiario postmoderno*, Roma, Editori Riuniti, 1990.

creare la struttura della contrapposizione riguardante la presenza–assenza dei *giganti* e del loro *paese*; a intrecciare una serie di questioni cronotopiche; a mantenere desta la sospensione del racconto; ed a incorporare nel macro-testo una serie di micro-storie, nelle quali si filtrano miti ed archetipi di varia natura, tutti mezzi narrativi riscontrabili in gran parte della creazione letteraria e filmica postmoderna, come in *Libra* di Don De Lillo, in *The public burning* di Robert Coover, nella *Misteriosa fiamma della regina Loana* di Umberto Eco.

Nei *Giganti della montagna* Pirandello inserisce, anche con elaborate (auto) citazioni, *La favola del figlio cambiato* (un'opera teatrale in versi rielaborata nel 1933 in tre atti in cinque quadri per il musicista Gian Francesco Malipiero dalla sua novella *Il figlio cambiato* del 1925, originariamente apparsa nel 1902 con il titolo *Le Donne*) scritta da un giovane poeta suicidatosi per amore. La vicenda ha le fonti nella narrazione di un'antica credenza storica: "il penultimo re di Savoia, Vittorio Emanuele III, che era piccolo di statura e brutto, alla sua nascita fu scambiato con un vero erede, perché questo per un incidente morì nelle fiamme"[14].

---

[14] E. Cella, *Luigi Pirandello: "I giganti della montagna"*, in *Pirandello e il teatro*, a cura di E. Lauretta, Milano, Mursia, 1993, p. 304.

Nella corrispondenza con la sua amata attrice *Lettere a Marta Abba*, Milano, Mondadori, 1995, pp. 415-416. Pirandello, in una lettera scritta da Berlino il 25 aprile 1930, dice: "La trovata del 'Figlio cambiato' come nucleo del dramma [*I giganti*], mi ha risolto tutto.

Tale vicenda mostra un'altra volta come la storia nell'arte di Pirandello svolge un ruolo fondamentale e viene stilizzata su vari piani, anche con andamenti dell'ironia mordace, soprattutto per smascherare il presente, come ad esempio avviene in *Enrico IV* e in altre opere (ad es. il romanzo ottocentesco *I vecchi e i giovani* e quello incompiuto *Adamo e Eva*). In Pirandello la storia si enfatizza mitizzando eventi e fatti della quotidianità (*Frammento di cronaca di Marco Leccio*, *Tonache di montelusa*, *Difesa di Mèola*); si recupera a cominciare di una vagliata scelta dei titoli sia delle *fabule* (*Romolo*, *La disdetta del Pitagora*, *Le medaglie*, *Berecche e la guerra*) che dei nomi dei personaggi e nei *Giganti* l'anagramma di Cotrone recupera la storia

---

Ora sto componendo, quasi in forma di fiaba, in versi, questo 'Figlio cambiato', per prenderne poi quanto mi servirà per la rappresentazione che la Compagnia della Contessa ne farà un po' al prim'atto, davanti al poeta Cotrone e ai suoi 'scalognati', e un po' al terz'atto davanti ai Giganti". E in un'altra lettera scritta sempre da Berlino il 30 aprile 1930, *ibid.*, pp. 429-430, aggiunge: "Tu forse non ricordi più, o forse non hai mai letta, quella novelletta 'Il figlio cambiato'! Se sapessi com'è diventata, entrata a far parte del 'mito'? la storia di una madre che crede che il figlio le sia stato cambiato, in fasce, quando aveva sei mesi. C'è in tutta l'Italia meridionale la credenza popolare che le notti d'inverno, le notti di vento e senza luna, vadano per l'aria le streghe, certe streghe dette "Le Donne", che si introducono nelle case per la loro gola dei camini e per gli abbaini, e alla povere mamme che dormono tolgono d'accanto i bambini".

mitico-leggendaria della città di Crotone [Catanzaro] in Calabria[15]; si ricrea, grazie anche al fertile *humus* del mito, per renderla un eterno presente, come emblematizzano *La nuova colonia, Lazzaro, I giganti*. Nelle sue creazioni "la presenza della storia" frequentemente si restituisce mediante la prospettiva del "cannocchiale del lontano", il gioco del rovescio (ad es. *La tragedia di un personaggio, Colloqui coi personaggi, I vecchi e i giovani*). Ed è in questa maniera che essa diventa la matrice dei racconti postmoderni, come mettono in evidenza *La testa perduta di Damasceno Monteiro* e *Sostiene Pereira* di Antonio Tabucchi, *Libra* di Don De Lillo, *Il rumore sordo della battaglia* di Antonio Scurati, ecc.

Nel tessuto affabulatorio dei *Giganti* Pirandello inserisce altre mini-storie: quella che gli attori espongono in misura spezzettata della loro (dis)avventura, delle loro fatiche, sofferenze, e miserie nel portare in giro per due anni la rappresentazione della *Favola del figlio cambiato*; quella mistica dell'"Angelo Centuno" che è ripresa dal racconto dell'autore intitolato *Lo storno e l'Angelo Centuno* ma qui narrata dalla Sgricia con la verve di una donna di fede che dimessasi dal consor-

---

[15] Cfr. A. ILLIANO, *Metapsichica e letteratura in Pirandello*, Vallecchi, Firenze, 1982, p. 117, e U. ARTIOLI, *La madre e i figli cambiati: il Gigante e l'Angelo*, in *Testo e messa in scena in Pirandello*, Roma, La Nuova Italia Scientifica, 1986, pp. 167-169.

zio umano perché la chiesa cattolica non ha voluto riconoscere il miracolo fattole da quest'angelo, trascina gli arrivati teatranti nel regno dei morti; quella in parte raccontata da Cotrone, e anch'essa dello *Storno e l'Angelo Centuno*, di un carrettiere che uccide un "ragazzino" per rubagli "due o tre soldini", una vicenda emblematica della decadenza morale e della violenza che regnano nella nostra società contemporanea; quella che tratta la figura realistico-archetipa di Maria Maddalena prostituta, ricorrente nel *corpus* delle novelle pirandelliane come ad esempio fa notare *Effetti di un sogno interrotto*, e già ricreata attraverso l'immagine della Spera della *Nuova colonia*. Anche questa mini-storia è presentata da Cotrone, una sorta di rinnovato mitologema del vecchio saggio-profeta e dell'aèdo: "Una povera scema, che sente ma non parla; è sola, senza più nessuno, e vaga per le campagne; gli uomini se la prendono, e ignora fino all'ultimo ciò che pur tante volte le è avvenuto; lascia sull'erba le sue creature. Eccola qua. Ha sempre così, sulle labbra e negli occhi il sorriso del piacere che si prende e che dà" (M, 1341). E anche questa tecnica di rappresentare per mezzo di un coro polifonico di personaggi fabulatori è utilizzata felicemente dagli scrittori postmoderni, come ad esempio si nota in Robert Coover di *The public burning*, in Toni Morrison di *Beloved*, in Paolo Di Stefano di *Tutti contenti*, in Antonio Franchini di *Gladiatori*.

In uno dei suoi *Appunti* pubblicati sul "Corriere

della sera" il 7 aprile 1929, Pirandello ci dà l'abbozzo originario della Maddalena dei *Giganti*:

> Una lezzona cenciosa, scema fin dalla nascita, cresciuta donna senza saperlo; me la ricordo per le strade del mio paese, misto il suo puzzo con quell'odore che vi facevano d'agosto le spazzature marcite. Eppure ancora i maschiacci, a vederle il collo bianco e il petto colmo, avevano lo stomaco di pigliarsela; e ogni tanto compariva dalle campagne gravida per le strade; e a chi la guardava con disgusto, sorrideva, non per impudenza, ma perché ancora non lo sapeva d'esser gravida, pur con quella sottana sbrindellata che, dietro, spazzava il selciato, e davanti le si rizzava, si metteva a urlare come una bestia; due guardie la trascinavano all'ospedale, facendole levare più alti quegli urli, tra la gazzarra dei monellacci che dietro la spingevano; liberata, tornava ogni anno daccapo; perché forse l'esser pigliata così ogni tanto da un uomo, nelle campagne, era considerata da lei cosa come le altre naturale, da cui non si potesse schernire. (S, 1248)

Si tratta di una mini-storia che oltre a intrecciare una serie di motivi del sacro e del profano, rivela un Pirandello che anticipa un'altra caratteristica topica della letteratura postmoderna, attingendo a fatti e eventi di cronaca, dalla cronaca local-provinciale a quella cittadina romana, che raccoglie dalla vita quotidiana per innalzare al livello mitico-simbolico[16].

---

[16] Per quanto riguarda il rapporto di Pirandello con la cronaca si veda il mio saggio *Pirandello e il giornalismo*, Roma-Caltanissetta, Salvatore Sciascia Editore, 2005.

Pirandello è sempre stato un appassionato ascoltatore e raccoglitore di storie e non solo folcloriche della sua terra, un narratore che ama rifarle da capo a fondo o tesserle in modi anche parzialmente diversi nei suoi racconti (ad es. *Si gira*, *Il libretto rosso*). Un processo di riscrittura che Pirandello realizza anche quando nei *Giganti* si sofferma a trattare l'argomento degli spiriti, ma soprattutto delle novelle *La casa del Granella* e *Dal naso al cielo*. Un processo di riscrittura che si riscontra nell'ispirazione di un altro grande padre del postmodernismo, l'argentino Jorge Luis Borges che nel racconto *Pierre Menard, autore del Chisciotte* si sbizzarrisce a riscrivere il capolavoro cervantino[17]. Un processo molto presente nei narratori postmoderni di varie generazioni, incluso Umberto Eco che nel *Nome della rosa* riscrive "a suo modo" persino il racconto *La biblioteca di Babele* di Borges.

E per la vicenda dell'avventurosa missione dell'attrice Ilse Paulsen e della sua compagnia teatrale, Pirandello si ispira alla vicenda cronachistica della

contessa Olga De Dieterichs Ferrari. Costei, insieme col marito conte Mario Ferrari, aveva dato vita nel dicembre 1923 a un piccolo teatro di corte, frequentato da pubblico sceltissimo, nella propria abi-

---

[17] Nei riguardi dell'influenza di Pirandello su quest'autore sudamericano si veda il mio studio *Pirandello nell'America Latina*, cit., pp. 35-56.

tazione di via Piemonte a Roma: il teatrino di villa Ferrari, in cui essa pure recitava [...] Nel 1926 costituì una propria compagnia in giro, per pochi mesi diretta da Lamberto Picasso e poi Marcello Giorda, che si risolse in un fallimento con notevole perdita di denaro per i due coniugi. La "Contessa" come appunto la chiamavano gli attori, lasciò il palcoscenico e morì qualche anno dopo[18].

La vicenda di Ilse racchiude legami intertestuali sia rifacendosi alla figura di fata configurata nel saggio *Arte e coscienza d'oggi* (1891), dove il giovane Pirandello, parlando dei sognatori in fuga dal mondo anche per la crisi morale dell'epoca, la rende protettrice che veglia sul loro allontanamento e sul loro isolamento facendo riferimento ai *Reisebilder* di Heinrich Heine e anticipando di circa quarant'anni anche il *milieu* eremo dei rifugiati dei *Giganti*:

Si sono chiusi rigidamente in sé, sciogliendosi, quanto è più stato possibile, d'ogni legame, e restringendosi man mano bisogni e aspirazioni. Dopo qualche tempo, naturalmente, han cominciato a sentirsi come estranei alla vita, disinteressati e senza curiosità. È nato loro anche un disgusto invincibile per la tanta volgarità quotidiana, e dalla fredda e spassionata osservazione dei sentimenti e delle azioni altrui [...]

[18] S. D'AMICO, *Cronache del teatro*, vol. II, Bari, Laterza, 1964, p. 435.

Alle porte del loro sogno triste e solitario vengono a battere le pallide cure, gravate da un intrico di catene. "Aprite! Il mondo vi reclama. L'ora presente non permette un solitario bene" [...]

Allora essi invocano Ilse, la fata amica, che nel castello alpino, premeva le candide mani su gli occhi del suo principe, perché questi col corpo reclinato sul seno di lei non udisse il suon delle trombe, che lo chiamava alla battaglia; (S, 902-903)

sia basandosi su reminiscenze e citazionismi del teatro delle marionette, di quegli artisti che fino agli anni Cinquanta (cioè fino all'avvento della televisione) andavano coi carretti a portare in giro di paese in paese per la Sicilia il teatro dei pupi, di cui Pirandello narra in varie novelle (ad es. *La scelta*, del 1898; *La paura del sonno*, del 1902), come faranno altri narratori siciliani, incluso il Bonaviri postmoderno di *Silvinia* (1997). Pirandello opera con un procedimento intertestuale che tiene presente il ricco patrimonio della tradizione e in particolare tiene a modello quelle opere pregne di argomenti meta-artistici non solo di Luigi Capuana (ad es. *Il raccontafiabe*, del 1894; *La voluttà di creare*, del 1911[19]), ma anche di Giovanni Verga, di cui potrebbe esse esemplare la novella *Don Candeloro*

---

[19] Per un'analisi comparata dei racconti metacreativi "Conclusione" di Capuana e "Risposta" di Pirandello si veda il mio studio *Pirandello. Presenza varia e perenne*, cit., pp. 29-31.

e C.I., del 1894, che ramingo con moglie, figli, e "tutto il suo teatro ammucchiato in un carro" va alla ricerca di un pubblico e trova sempre gente che richiede divertimenti osceni, pagliacciate e volgarità di *chanteuses*, la cui descrizione richiama fortemente i *giganti* pirandelliani anche nell'impiego di certi aggettivi e sostantivi (*gentaglia, ignoranti, bestie, bruti,* ecc.), e lo stile indiretto libero enfatizza la profonda ostilità che si stabilisce tra i teatranti e il pubblico incolto, volgare e rozzo simile a quello che assiste a uno spettacolo teatrale alla fine del romanzo postmoderno *Il visionario* di Franco Matteucci:

> da per tutto [...] trovava la stessa accoglienza: torsi di cavolo e bucce d'arance. Il pubblico andava in teatro apposta colle tasche piene di quella roba [...], vole[va] le scempiaggini [...], le canzonette grasse cantate dalle donne che alzavano la gamba [...] Lui invece era preso adesso dalla rabbia di mostrare ogni cosa, a quegli animali, la moglie, la figliuola ch'era più giovane e chiamava più gente [...] quelle bestie! – Faceva delle risate amare, povero Don Candeloro! [...] Sputava sul pubblico, dietro le quinte! – Porci! Porci[20].

[20] G. VERGA, *Don Candeloro e C.I.*, in *Tutte le novelle*, vol. II, Milano, Mondadori, 1970, pp. 221-222. A questa novella verghiana fanno riferimenti mentre discutono *I giganti della montagna* anche P. PUPPA, *Fantasmi contro giganti, scena e immaginario in Pirandello*, Bologna, Patron, 1978, p. 149, e A. MEDA, *Bianche statue contro il nero abisso. Il teatro dei miti in D'Annunzio e Pirandello*, Ravenna, Longo, 1993, pp. 280-281.

Il procedimento intertestuale utilizzato da Pirandello nei *Giganti* segue la linea della varietà. Lo si nota anche dal discorso edotto di certi critici che mettono in rilevo come Pirandello si apre e assimila dalle opere di scrittori non solo del suo tempo: c'è chi (come Michele F. Sciacca) nota la presenza della cultura greca, e anche della filosofia di Platone e dei miti di Diogene e di Archimede, nello sviluppo di concetti e personaggi chiave dei *Giganti della montagna*, e la studiosa francese Elisabeth Kertesz-Vial vi coglie la lezione delle opere di Aristotele, dell'*Asino d'oro* di Apuleio, delle fiabe dei fratelli Grimm, e persino dei racconti folclorici e non solo della tradizione siciliana; c'è chi (come Paolo Puppa) individua l'influenza delle opere shakespeariane nei *Giganti*, da *A Midsummer Night's Dream* a *As You Like* a *The tempest*, tanto che l'umorismo di Crotone si nutre della malinconia di Jacques e di Prospero, e per la studiosa anglosassone Julie Dashwood Cotrone dispiega numerose somiglianze anche con altri personaggi della *Tempest*; c'è chi (come Antonio Illiano e Umberto Artioli) nella *Scienza nuova* di Giambattista Vico scorge elementi vicini alla visione che Pirandello ha dei suoi *Giganti*, grandi e forti ma bestiali e ancora non dirozzati; c'è chi (come Giorgio Pullini) scorge profonde "radici" dell'Ottocento nell'arte pirandelliana, abbondanti residui e motivi tematici ottocenteschi nei *Giganti*, dal triangolo d'amore al dialogo melodrammatico, dal conflitto del personaggio al suicidio, al vittimismo; c'è chi (come Giovanni Cappello) nel titolo del dramma di Roberto Braccio, *I fantasmi*, del 1907, vede preannunciato il primo atto dei *Giganti*; c'è chi (come Anna Meda) nella commedia di Alessandro De Stefani, *I pazzi sulla montagna*, del 1926, coglie la fonte della pazzia che nei *Giganti* viene intesa come forza liberatoria, come rivolta contro il senso comune e l'imporsi della finzione individuale come realtà vera. Ai quali si aggiunge una schiera di studiosi che mettono in luce aspetti del manierismo dei *Giganti*, tante cose delle opere di altri autori che vi vedono presenti, affinità, echi, influenze, da quelle surrealistiche di Vitrac, di Neveux, di Breton, a quelle di Massimo Bontempelli, i cui drammi *Figlio di due madri* e *Guardia alla luna* sono stati considerati per certi aspetti gli antecedenti della *Favola* pirandelliana e il suo *Siepe a nord ovest* (1923) dei *Giganti*[21]. E non va dimenticato né l'idea di alcuni studiosi che la gestazione dei *Giganti* prende vita dall'incontro di Pirandello con la pittura metafisica e in

---

[21] Si veda C. DONATI, *Il rapporto Pirandello-Bontempelli dalla trasgressione grottesca al richiamo del mito*, in *Pirandello poetica e presenza*, a cura di W. Geerts, F. Musarra, S. Vanvolsem, Roma, Bulzoni, 1987, pp. 389-416. Nel saggio *"I giganti della montagna" e la critica letteraria*, in *I giganti della montagna progetto per un film*, a cura di Enzo Lauretta, Agrigento, Edizioni Centro Nazionale Studi Pirandelliani, 2004, pp. 159-172, Donati ci dà un'attenta rassegna della fortuna critica di quest'ultimo dramma pirandelliano.

particolare con quella di De Chirico (il quale nel 1934 fa i costumi e le scene della messinscena della *Figlia di Iorio* di D'Annunzio con la regia di Pirandello), né la tesi di altri studiosi che l'atto unico *The Gods of the Mountain* dell'irlandese Lord Dunsany, portato sul palcoscenico italiano da Pirandello nel 1925, avrebbe fornito degli spunti ai *I giganti della montagna*, dall'atmosfera fiabesca alla dimensione mitica, all'esaltazione della mendicità come vocazione di vita.

Agli studiosi (Sciacca, Illiano, Artioli, Puppa, Cappelli, Meda, ecc.) che si sono preoccupati di individuare le fonti dei *Giganti* è sfuggito o non hanno capito che qui Pirandello si è consciamente immerso nella corsia creativa dell'arte postmoderna, attuando nuovi paradigmi del *pastiche* e dell'intertestualità.

Se Pirandello si rifà ai summenzionati o ad altri scrittori tutto è in funzione di sperimentare, di comunicare con forme diverse ed insolite, di porsi in modi nuovi di fronte alla realtà. Non è affatto importante quello che si riprende dagli altri scrittori, è importante invece se con esso si crea, si fa qualcosa di originale.

Nei *Giganti* Pirandello opera con una sensibilità postmoderna grazie anche all'uso delle forme intertestuali che gli permettono di mettersi in gioco, di farsi critico di se stesso e degli altri scrittori, di ironizzare, di demistificare, e di satireggiare tutto e tutti, inclusi quelli che producono un'arte che non sa "parlare agli uomini" (M, 1375)[22]. Le forme dell'intertestualità vengono sfruttate al massimo dagli scrittori postmoderni di ispirazione mitopoietica (Calvino, Sciascia, Malerba, Vassalli, ecc.) e anche da scrittori più recenti (Baricco, Ammaniti, Veronesi, Nove, Santacroce, ecc.) che producono sarcasmi sciatti, manierismi, *pastiche*, e persino monotoni giochi linguistici, citazionistici, referenziali, visibili perfino in opere di Coover, di Consolo, e di altri, incluso l'Eco della *Misteriosa fiamma della regina Loana*.

_____

[22] Come si sa la stesura dei *Giganti*, che probabilmente risale al 1927 o al 1928, fu molto tormentata e fu sovente ripresa ed abbandonata, mentre Pirandello faceva dichiarazioni e commenti sull'opera in fieri non solo nelle sue *Lettere a Marta Abba*, cit., ma anche nelle interviste che rilasciava; in quella rilasciata al giornalista Bottazzi sul "Corriere della sera" il 28 novembre 1928 ci informa delle valenze dei *Giganti* che la rendono un'opera satirica: "La commedia […] è stata pensata senza intenzioni satiriche, ma da essa fatalmente risulta una satira del pubblico e della critica nei riguardi del teatro pirandelliano e anche, considerandola più vastamente, una satira del nostro tempo per quello che ha di eccessivo nel culto della parola fisica che rischiara di brutalizzare la vita ove non sia contemperata dal culto dei valori spirituali". Concetti che Pirandello ripete in pieno nell'intervista rilasciata dopo poco tempo a Enrico Roma. Citiamo da A. Illiano, op. cit., pp, 163-164, che riporta ambedue le interviste di Pirandello. L'intervista rilasciata a Bottazzi è riportata anche in M. Abba, *Prefazione a I giganti della montagna*, "Il Dramma", XLII, 362-363, pp. 14-17. Nel suo intervento *Dieci anni di teatro con Luigi Pirandello*, "Il Dramma", XLII, 362-363, pp. 45-58, M. Abba parla particolarmente dell'ultimo periodo del teatro di Pirandello.

L'apertura dei *Giganti* in certi aspetti richiama quella metateatrale di *Sei personaggi* e di altre opere pirandelliane. C'è l'arrivo di un gruppo di persone provenienti da un lontano e misterioso "paese", da una collettività che rifiuta il diverso e cioè l'individuo controcorrente perché si sente minacciata dalla sua visione d'intima realtà morale, una coscienza collettiva che sa mascherarsi a seconda delle occasioni e degli opportunismi, miope, ipocrita, gretta, un mondo basso dal quale si è staccato anche Cotrone che accoglie queste persone nella villa abbandonata La Scalogna. Il loro viaggio dal basso del "paese" si indirizza verso l'alto dei cantieri dei Giganti, passando per La Scalogna a mezza costa. L'incontro mostra non personaggi semi realizzati che vanno in cerca di un autore che dia loro una compiuta vita artistica, ma attori che vanno in cerca di un pubblico, e della compagnia di Ilse, la prima attrice ferma a far conoscere *La favola del figlio cambiato* (che un giovane poeta ha scritto per lei prima di suicidarsi). Come altri personaggi pirandelliani carichi di vitalismo, è così decisa nel suo proposito che certi critici la considerano una figura egoistica, autoesaltata, ed autodistruttiva, aspetti caratteriali comuni tra i personaggi dell'arte postmoderna. Come nei *Sei personaggi*, l'arrivo-incontro dà vita a una certa ansia e curiosità, confusione e disordine, presentando una Ilse trainata su un carretto da una *troupe* disastrata di otto attori. Onde sorgono commenti che la dipingono come "una regina spodestata" (M, 313). Mentre il paesaggio crepuscolare della sera si infittisce sempre più di una pioggia di "lampi" e di misteriose apparizioni, Pirandello indugia su un linguaggio che enfatizza il contrasto buio-luce e la stanchezza-fame dei nuovi arrivati, le loro incredulità, epifanie, e riflessioni che incorporano esperienze di una vita dedicata al teatro, i comportamenti di buona accoglienza degli Scalognati, che sembrano sfociare nel comico quando questi cercano di intrattenere i teatranti mettendosi a fare teatro: "QUAQUÈO [...] Io faccio il ragazzino! Ballo come un gatto sulla tastiera dell'organo" (M, 1332). Ma il comico in Pirandello spesso diventa serio e immette nella dimensione del tragico, esattamente come avviene nelle scene metateatrali dei programmi della televisione postmoderna configurati in *Festa al blu di Prussia* di Franco Matteucci, in *Fiona* di Mauro Covacich, nel *Sopravvissuto* di Antonio Scurati.

Ilse e la sua compagnia in modo ossessivo vanno in cerca di spazi dove mettere in scena *La favola del figlio cambiato*, recitare una "favola nuova" che dice una verità più vera e che tratta di una madre a cui le streghe sottraggono un figlioletto sostituendolo con un altro bambino. Questa loro azione arricchisce il discorso metateatrale pirandelliano, che nel contesto postmoderno si traduce in discorso meta-artistico (cfr. ad es. *Se una notte d'inverno un viaggiatore* di Italo Calvino). E secondo Corrado Donati proprio nell'incontro-scrontro tra la compagnia di Ilse e gli Scalognati, si comincia a dar vita non tanto all'opposizione tra due diverse concezioni del teatro quanto ad "una plu- rità di teatri":

1) il teatro dell'Io, come scena magica e utopia dell'"assoluto fantastico";

2) il teatro pedagogico di Cotrone, che è una inizia- zione al precedente;

3) il teatro di poesia, inteso come scena teologica do- minata dalla parola-messaggio (la *Favola del figlio cam- biato*);

4) il teatro delle maschere nude, come gioco delle par- ti che Ilse ed i suoi attori vivono e rappresentano tra loro;

5) il teatro psicologico soggettivo di Ilse, come pro- blema del rapporto persona-personaggio;

6) infine […], il teatro dionisiaco e orgiastico[23].

Invece per Roberte Alonge gli attori della com- pagnia di Ilse recitano soltanto "il loro teatro della ne- vrosi": "sono davvero poveri malati alla ricerca di uno psicoanalista e Cotrone è il terapeuta di cui hanno bi- sogno" e dà loro la "solidarietà del medico per i suoi malati"[24]. Il tema della nevrosi e di altre malattie, psi-

---

[23] C. DONATI, *Il sogno e la ragione. Saggi pirandelliani*, Napoli, Edi- zioni Scientifiche Italiane, 1993, p. 213.

[24] R. ALONGE, *Missiroli: "I giganti della montagna" di Luigi Piran- dello*, Torino, Multimmagini Editore, 1980, pp. 46-49.

cologiche e fisiche, ricorre nell'opera di Pirandello e abbonda anche nelle opere degli scrittori postmoderni tanto che fanno sentire echi e canoni pirandelliani, soprattutto quando lo mettono a fuoco con mezzi tragicomici o umoristici, insistono sui motivi della follia, della schizofrenia, della spersonalizzazione, della paralisi psicologica, dello squilibrio interiore e psichico, della distorsione mentale, del comportamento maniaco o di fissazione, e di altre patologie, che si incontrano nei racconti di Antonio Tabucchi, di Aldo Nove, di Isabella Santacroce, di Mauro Covacich, ecc. A volte anch'essi, come aveva già fatto Pirandello (ad es. *Il dovere del medico*, *Enrico IV*) e altri padri del postmodernismo, incluso Buzzati, satireggiando mettono a nudo i rappresentanti della scienza medica, incapace non solo di curare ma neanche di controllare il corso della natura, come si nota in una scena del romanzo di Franco Matteucci *Festa al blu di Prussia* in cui, senza esito, si ricorre all'uso dei farmaci per far partorire prematuramente una giovane donna.

Mentre nella rappresentazione questi tipi di teatro si sviluppano e si discutono, come avviene nei *Sei personaggi* e in *Questa sera si recita a soggetto*, pullulano una serie di tensioni, di litigi, di conflitti. Pirandello si sofferma sulle divergenze che emergono tra Ilse e il marito, un Conte precipitato nella rovina per aver finanziato la compagnia della consorte, ma che sembrano a certi astanti "uno straccio di spettacolo" (M, 1322), e su quelle che emergono tra i membri della compagnia di Ilse ("Spizzi (*a Cromo venendogli di petto*) Vigliacco! Hai torto osare… Cromo (*spingendolo indietro*) Levati tu! È tempo di finirla!" M, 1322); sui duri scontri tra Ilse e l'attore Cromo che si lanciano accuse e contraccuse ("Cromo. Io dico prima! Prima che quello s'uccidesse e diventasse per te e per tutti noi il cancro che ci ha mangiati fino all'osso. Gardateci: cani spelati, affamati, randagi, cacciati da tutti a palate… e lei là, con quella testa levata […] S'è ucciso perché amava lei […] l'amava anche lei. Ilse. Io? Cromo. Sì, sì, tu! anche tu! […] Non si deve andar mai contro a ciò che il cuore comanda […] Ilse. Sì, e m'accoltelli, davanti alla gente che sta a guardarci" M, 1324-1325); sugli intesi contrasti tra Ilse e Cotrone e gli Scalognati (a Doccia i teatranti "paiono tutti pazzi" M, 1319, e anche La Sgricia commenta duramente i loro comportamenti irrispettosi, litigiosi, e di miscredenti: "Mi pare d'esser in mezzo ai turchi" M, II, 1323), tra un mondo e l'altro, incluso il mondo di Ilse attrice e il mondo del pubblico di spettatori, come s'era visto nella commedia a chiave *Ciascuno a suo modo*. Nella narrativa postmoderna si è istituito anche il contrasto tra lo scrittore mittente e il lettore ricevente (ad es. *Se una notte d'inverno un viaggiatore* di Italo Calvino e *La misteriosa fiamma della regina Loana* di Umberto Eco).

Come *Sei personaggi* ed altri drammi pirandelliani, i *Giganti* gioca su una rete di contrasti anche dal risvolto paradossale. Sono contrasti che, come era accaduto in altre opere pirandelliane (ad esempio *Sei personaggi*, *Questa sera si recita a soggetto*), esaltano il narcisismo di quasi tutti i personaggi principali (specialmente Ilse e Cotrone), la loro appassionata volontà di parlare di se stessi, dei propri sentimenti, delle proprie idee e fisime. Sono contrasti che animano il discorso metateatrale, altamente arricchito dalle opposizioni essere-apparire, arte-società, realtà-finzione, vita-morte, ecc. (che saranno il *leitmotiv* delle opere postmoderne di Antonio Tabucchi, di Mauro Covacich, di Franco Matteucci, ecc.); Pirandello è un poeta umorista che predilige sia il capovolgimento delle cose e dei ruoli, per cui spesso gli Scalognati spettatori diventano *attori* e gli attori diventano *spettatori* (azioni efficaci nel rinforzare la tensione dialettica del rapporto attore-pubblico), sia l'ossimoro anche nel concepire la notte come sorgente d'illuminazione, e ama mettere l'enfasi sulla finzione artistica come realtà immutabile ed assoluta (Cotrone dice al Conte che sono entrati "in un'altra realtà, lontana [da quella] labile e mutevole" M, 1340), più vera della vita stessa perché contiene principi con cui tutti possono trovare identificazione.

Sono contrasti che gettano luce anche sul problema della personalità dell'individuo: come l'attrice protagonista del dramma *Trovarsi*, Ilse calandosi nel personaggio della *Favola del figlio cambiato* o nel "gioco delle parti" (come fa Enrico IV ed altre creature pirandelliane) entra ed esce costantemente dal suo ruolo, anche inconsciamente, magari senza che gli astanti se ne accorgano: "COTRONE [...] Ah, ma voi state recitando! MILORDINO. Oh bella! MARA-MARA, Recitando! SACERDOTE. Zitti! Ha attaccato, bisogna secondarla!" (M, 1318). Come l'attrice di *Trovarsi*, Ilse rivela vari aspetti del doppio, anche nel senso che abbandona e riprende l'arte della recitazione, che voleva farsi monaca ed è diventata attrice, che ama e non ama il giovane poeta: "per la bellezza di quell'opera, non solo non lo disillusi, ma alimentai fino all'ultimo la sua illusione. Quando l'opera fu compiuta, mi ritrassi – ma già tutta in fiamme – da quel fuoco [...] La vita negata a lui, ho dovuta darla alla sua opera" (M, 1527); a proposito Umberto Artioli dice: "è stato in realtà un amore contraccambiato. Senza che la carne ne fosse coinvolta, una fiamma si è accesa nello spirito della Contessa che, da quel momento, ha visto della *Favola* non un'opera di poesia ma una creatura da crescere, una sorta di Figlio nato per inseminazione spirituale", e perciò ritenendo Ilse un archetipo ibrido di *Mater Dolorosa* oltre che di Madre terrestre-celeste[25]. La scissione della Contessa si intensifica quando esaltandosi si strazia di far vivere il giovane poeta attraverso la recita che fa della *Favola* ("CROMO – dice – Non senti che per lei non

---

[25] U. ARTIOLI, *op. cit.*, p. 148.

è morto" M, 1327), quando gli attori subiscono le sue tiranniche follie di persona o personaggio, quando si incarna nel dramma della madre della *Favola* o si logora nel rimorso di aver provocato il suicidio del giovane poeta, quando si metamorfizza in una molteplicità di ruoli e di aspetti, in un doppio cangiante di moglie e amante, di madre e attrice, di santa e peccatrice, ecc. Per apparire nuda ("COTRONE. Nuda, sciocco! Su un carretto di fieno, una donna nuda, coi seni all'aria e i capelli rossi come un sangue di tragedia" M, 1312) e per i suoi comportamenti erotico-sessuali, anche nei riguardi del marito, Ilse è anche uno specchio della figura della Maddalena prostituta, descritta anch'essa con il colore rosso che in letteratura, inclusa quella postmoderna, simboleggia sempre gli aspetti del sesso ("Maria Maddalena, illuminata di rosso da una lampadina che tiene a mano. È giovane, fulva di capelli, di carne dorata. Veste di rosso, alla paesana: e appare come una fiamma" M, 1341). Interpretando la messinscena del regista Mario Missiroli, Roberto Alonge dice: "Maddalena, con il fiore in mano, arriva lentamente davanti a Ilse […] Ilse si copre il viso con un gomito levato, per non guardarla, per non vedere il *doppio* di sé […] Maddalena è veramente l'altra faccia di Ilse, risvolto ctonio, vitalistico di una stessa realtà, della medesima immagine della Terra Madre […] I due profili di donna sembrano sovrapporsi, in un rapporto ambiguo e complesso che coinvolge, come terzo vertice, Cotrone […]

La fantasia erotica di Cotrone è [...] contraddetta dalla realtà effettuale di Ilse [...] Cotrone gioca una donna contro l'altra, in una contrapposizione drammatica, di due universi differenti, realizzazione istintuale e repressione, flusso corporeo e sublimazione"[26].

Ilse è un novello archetipo della Musa che parimente a certe donne al centro di creazioni postmoderne (ad es. *Buonanotte Angelo* di Barbara Alberti), ispira e annulla, che mentre dà la vita dà la morte, nonché dell'artista che ha bisogno del pubblico, dell'attrice che non può esistere senza la "droga della platea", e perciò questa sua vicenda viene ad inglobare una rete di elementi autobiografici del Pirandello che ha fatto la scelta di scrivere e non di vivere la vita. Ilse, come Donata e altri personaggi attori ostinati di Pirandello (cfr. anche la protagonista attrice della novella *Il Pipistrello*), vive un ideale utopico del teatro, ne è posseduta, il teatro le diventa al tempo stesso salvezza e martirio. E per questo il suo destino sembra imparentato a quello di Sisifo, una vita all'insegna della condanna, di un sacrificio supremo.

Il viaggio di Ilse (e dei suoi teatranti), costruito con una catena di mitemi e di peripezie, è anche e soprat-

[26] R. ALONGE, *op. cit.*, pp. 44-45. La messinscena del regista Mario Missiroli è valutata da un altro approccio critico da A. BISICCHIA, *Per una storia delle rappresentazioni dei "Giganti della montagna"*, in *I giganti della montagna progetto per un film*, cit., pp. 127-155.

tutto un viaggio di riconquista della propria identità d'attrice; quando sposa il Conte rinuncia alla sua vera identità abbandonando il teatro. È il poeta della *Favola* che la motiva a riprendere tale viaggio, che la riporta alla vita, a ritrovare se stessa attraverso il teatro. E se Ilse si identifica con il ruolo della madre della *Favola* dentro e fuori lo spazio scenico, allora quest'azione allegorizza l'archetipo del figlio (poeta) che salva la madre (attrice) o della donna che, come nella chiusura della *Nuova colonia*, si salva mediante la maternità, una salvezza a cui si innestano motivi del complesso edipico, e della madre amante del figlio, tutti motivi ricorrenti pur con tecniche di adombramento e di allusività, sia nelle *Novelle per un anno* che nelle *Maschere nude*[27]; motivi anche incestuosi e sessuali che in Pirandello complicano l'esistenza dell'individuo[28] e in tale accezione diventeranno topoi dei racconti postmoderni, anche se nelle creazioni di certi autori si fanno dominanti quelli omosessuali e pornografici (ad es. Aldo Busi, Walter Siti, Isabella Santacroce, Aldo Nove).

Ilse si rivela un'immagine (ibrida) di Sirena: è desiderosa di (ri)unirsi al giovane poeta che la ha aiuta-

---

[27] Per ulteriori informazioni a proposito si veda il mio saggio *Le maschere del "Vecchio Dio". Pirandello*, Padova, Edizioni Messaggero Padova, 2002, pp. 133-168.

[28] Cfr. P. POSSIEDI, *Il tema dell'incesto nell'opera di Pirandello*, "Canadian Journal of Italian Studies", XIII, 40-41, 1990, pp. 1-15.

ta a ritrovarsi, anche se non riesce ad ammettere neppure a se stessa che n'è innamorata ed è stata la causa del suicidio; è una Sfinge che strega gli uomini che la circondano facendoli innamorare di sé, in modo analogo alle altre donne di Pirandello quale la Nestoroff dei *Quaderni di Serafino Gubbio operatore*, prima attrice nella casa cinematografica *Kosmograph*. Come la Nestoroff ed altre donne pirandelliane, Ilse è oggetto di desiderio degli uomini, che illumina e distrugge, dal Conte a Cromo, a Spizzi. In questo senso è un'antenata delle tante figure femminili dello spettacolo odierno, incluse le giornaliste-attrici della televisione, che popolano la letteratura postmoderna (ad es. *Talk Show* di Luca Doninelli, *Il visionario* di Franco Matteucci, *Troppi paradisi* di Walter Siti).

Come l'attrice di *Trovarsi*, Ilse religiosamente si è "*donata*" al teatro, vive in dono di sé al pubblico. Ha il teatro nel sangue, come precisa una sua battuta: "Teatrante, sì, teatrante! Lui no, *indica il marito*, ma io sì, nel sangue, di nascita!" (M, 1319). La vita per lei esiste solo recitando, è ritrovarsi attraverso l'arte, è vivere intensamente la propria parte, sentirla e farla sentire agli altri perfino in modo euforico. Onde Pirandello coglie l'occasione di sottolineare le condizioni difficili e dure della vita dell'attore ("Ilse. Sa, si dorme tutti insieme... nelle stalle [...] Il Conte. Ma non era una stalla, cara; hai dormito su una panca di stazione. Cromo. Sala d'aspetto di terza classe" M, II, 1320), le quali nel panorama postmoderno (come suggerisce anche *Troppi paradisi* di Walter Siti) si riferiscono alle miserie dell'artista in generale.

Le problematiche meta-artistiche si fanno autorefenziali (esattamente come avverrà per parecchi scrittori postmoderni, cfr. ad es. Franco Matteucci del romanzo *Festa al blu di Prussia*), al punto che Pirandello viene a lanciare dure critiche a tanti organi della nostra società, inclusi quelli mediatici, tutti vivai di intrighi, di vanità, e di corruzione: "'Vuoi una buona scrittura? – Venditi!', "Abiti, gioje? – Venditi!' Anche per una sudicia lode in un giornale" (M, 1321, e cfr. il romanzo *Suo marito*).

E assieme a queste problematiche Pirandello riprende a enfatizzare quelle dell'io disintegrato, con l'immagine spersonalizzata dell'attore (non dissimile da quella configurata nella *Festa al blu di Prussia* di Matteucci, in *Fiona* di Covacich, e in altre opere di scrittori postmoderni) che continuamente si camuffa, si riveste indossando i panni di questo o di quel personaggio ("Cromo. Sei vestita da Vanna Scoma e hai dimenticato d'abbassarti la maschera" M, 1353); l'attore Battaglia interpreta le parti di uomo e di donna e che Pirandello utilizza per alludere al carattere omosessuale, (già messo a fuoco in vari suoi racconti quale *Alla zappa* e tipico di una folla di personaggi postmoderni, da quelli di Aldo Busi a quelli di Vittorio Tondelli, di Aldo Nove, di Walter Siti, ecc.); e l'attore Spizzi, parato con gli abiti del giovane poeta e calato in una dimensione onirico-immaginaria, s'impicca in giardino essendo stato messo in crisi dal suo segreto amore per la contessa Ilse, una vicenda che ricorda i suicidi fittizi di certi personaggi pirandelliani (ad es. *Il fu Mattia Pascal*), che enfatizza l'immagine archetipa dell'innamorato addolorato e deluso dalla sua Musa e quasi un referente autobiografico del leggendario rapporto del drammaturgo con Marta Abba, che oltre a rispecchiare quella del giovane poeta suicida diventa una prolessi della tragedia finale.

Tutte problematiche dell'io e motivi della crisi d'identità che sono evidenziati incessantemente in parecchie opere pirandelliane e che si ritrovano messi a fuoco nelle opere degli scrittori dei nostri giorni anche con toni e prospettive d'originale pirandellismo, come ad esempio mostrano romanzi quali *Tutti contenti* di Paolo Di Stefano, *Soldati di Salamina* di Javier Cercas, *The Fabulist* di Stephen Glass. Gli scrittori di recenti generazioni non possono nascondere il loro profondo debito a Pirandello, a uno dei primi creatori del postmodernismo, quando si cimentano su altri temi, incluso quello del relativismo della realtà.

Un tema importante del postmodernismo è il rapporto dell'artista con la società (come si nota in *Cronache della fine* di Antonio Franchini, in *Fiona* di Mauro Covacich, e in *Troppi paradisi* di Walter Siti). Anche nel suo trattamento si sente la presenza di Pirandello.

Nei *Giganti* esso forma la matrice del discorso di Cotrone, personaggio *deus ex machina*, ma al quale assegna un passato di *raisonneur* ("non bisogna più ragionare" M, 1340) e un presente di poeta ("Sú, svegli, immaginazione!" M, 1313), e che assieme a Ilse è alter ego e portavoce di Pirandello: due personaggi artisti che permettono all'autore di parlare di se stesso, della sua vita ed opera, in particolare degli ultimi anni, di rendere i *Giganti* una sorta di (auto) biografia poetica, svelando persino frustrazioni e amarezze professionali, tutti elementi cardini delle opere di meta scrittura degli scrittori postmoderni, da *Se una notte d'inverso un viaggiatore* di Italo Calvino a *Cronache della fine* di Antonio Franchini. Nel realizzare Cotrone Pirandello attinge alle sue creature dell'universo novellistico e drammaturgico, è una figura che in parte sviluppa riprendendo filosofie, caratteri, e lineamenti dei suoi precedenti personaggi, e secondo Paolo Puppa, anche del personaggio mitico di Arcadipane:

> Cotrone [...] si è dato del tutto alla Villa-Ospizio adeguandosi ai livelli e alle capacità del suo gruppo, conserva i tratti "regolari" da un lato di Vitangelo Moscarda di cui rappresenta una continuazione tematica, dall'altro del suo coevo Arcadipane, il puro e mitico lavoratore dei campi, gagliardo anche sessualmente, presso cui va a convivere la Sara di *Lazzaro*, e di cui Cotrone eredita aspetto fisico e perfino abbigliamento.

Entrambi sono grandi e grossi, barbuti, dal viso largo e sorridente, nero il contadino e rosso l'emulo Prospero, indossano camicie e calzoni semplici, che san di costumi sobri e naturisti; solo il maestro della Scalogna presenta un breve cenno di devianza perché "ha i piedi un po' molli", richiama forse al significato nascosto della parola Hinkfuss, e un tocco di sciatteria in più, rispetto al gran contadino, patriarca biblico che rende fertile le terre, cioè Arcadipane[29].

È un ribelle rifugiato nell'universo della poesia lucida, un mago della parola ("non bisogna aver paura delle parole" M, 1337) fuggito dalla razza umana perché incompreso, isolato, ostracizzato; come tanti personaggi pirandelliani appartiene alla categoria dei *forestieri* della vita; con "altri occhi" inquadra le cose per coglierne l'intima verità, e inventa una verità più profonda e più sincera: "ILSE. Lei, inventa la verità. COTRONE. Non ho mai fatto altro in vita mia […] Tutte quelle verità […] le faccio venir fuori dal segreto dei sensi […] Ne inventai tante al paese, che me ne dovetti scappare […] Mi sono dimesso. Dimesso da tutto: decoro, onore, dignità, virtù, cose che le bestie […] ignorano nella loro beata innocenza. Liberata da tutti questi impacci, ecco che l'anima ci resta grande come l'aria […] Una realtà meravigliosa in cui viviamo, alienati da tutti […] Guardando la terra, che tristez-

[29] P. PUPPA, *op. cit.*, pp. 209-211.

za" (M, 1343-1345), che non trova accoglienza tra gli uomini: "io ho sempre inventate le verità [...] e alla gente è parso sempre che dicessi bugie" (M, 1342). È un poeta che ama il tempo notturno, che crede visceralmente "alla realtà dei fantasmi" interiori e dei sogni, che in contrapposizione a Ilse che è legata all'esterno, preferisce gli spazi chiusi. Mentre nella sua magica abitazione legge *La favola del figlio cambiato*, rivela il volto più autentico del demiurgo dato che tutto si anima con fantocci che prendono corpo e traducono le parole nell'azione della rappresentazione scenica.

Dispiega un pensiero riflessivo che (auto) ironizza anche sul proprio nome e su quello degli Scalognati, e citando cose dette sul nome da Vitangelo Moscarda alla fine di *Uno, nessuno e centomila* e da altri personaggi pirandelliani: "Con questo buffo nome di Cotrone... e lui di Doccia... e lui di Quaquèo... Guai a chi si vede [...] nel suo nome" (M, 1345); su questa falsariga autoironizzano certi scrittori postmoderni, come ad esempio si avverte nei racconti di Antonio Franchini o di Aldo Nove.

Con le dilatate meditazioni sui sogni sembra farsi teorico, continuamente si riferisce, rimastica e cita motivi sul sogno riscontrabili nelle precedenti opere pirandelliane, dalla *Realtà del sogno* al *Piacere dell'onestà, a Sogno (ma forse no)*, sembra rievocarli per farne una vera e propria *summa*. Un altro aspetto del Pirandello che pone l'accentuazione sulla propria mitologia composta anche di vissute esperienze e vicissitudini, sul proprio universo e lavoro d'artista, che come un archeologo inquieto non si ferma di scavare, di ripiegarsi con atteggiamenti solipsistici e narcisistici, tutte caratteristiche tipiche dello scrittore postmoderno, come si può vedere osservando le opere autobiografiche di Antonio Franchini, di Paolo Di Stefano, e di Aldo Nove. Per Cotrone-Pirandello i sogni si impongono come unica ed assoluta realtà ("la verità dei sogni [è] più vera di noi stessi" M, 1351), e dato che essi possono vivere a nostra insaputa dentro e fuori di noi, e in forma di magica incoerenza, "ci vogliono i poeti per dar[ne] coerenza" (M,1359).

La sua parlata si intride di vari toni, da quelli didattici a quelli etici, a quelli pessimistici: "COTRONE. Povera opera! Come il poeta non ebbe da lei [Ilse] l'amore, così l'opera non avrà dagli uomini la gloria" (M, II, 1346); si fa espressione ora ellittica ora aneddotica ora aforistica tanto quanto quella di altri personaggi dell'azione: "Doccia. Non si può aver tutto, se non quando non si ha più niente" (M, 1344), la quale in vari modi viene assimilata nella scrittura postmoderna, di cui sono paradigmatici i romanzi di Antonio Franchini, dall'*Abusivo* a *Gladiatori*; e come quella del Padre e di altri personaggi pirandelliani, si fa filosofica, quando disquisisce della creazione artistica:

A noi basta immaginare e subito le immagini si fanno vive da sé. Basta che una cosa sia in noi ben viva, e si rappresenta da sé, per virtù spontanea della sua vita [...] Il miracolo vero non sarà mai la rappresentazione, creda, sarà sempre la fantasia del poeta in cui quei personaggi son nati, vivi, così vivi che lei può vederli anche senza che ci siano corporalmente. Tradurre in realtà fittizia sulla scena è ciò che si fa comunemente nei teatri. Il vostro ufficio. (M, 1362)

Nella veste di regista-attore stregone trascina tutti a discutere sulla funzione inefficiente del linguaggio, e sul senso del teatro delle parole, dove tra l'altro si suggerisce che esse fanno cadere nel vuoto, creano forme di ambiguità e di confusione, l'impossibilità di comunicare, tutte idee già al centro dei discorsi teorico-estetici di Pirandello, dai *Sei personaggi* a *Questa sera si recita a soggetto*, e che vediamo eloquentemente rimaneggiate nelle opere di scrittori postmoderni, dai racconti metacreativi di Antonio Tabucchi a quelli di Barbara Alberti (cfr. soprattutto *Buonanotte Angelo*):

COTRONE. Caro giovanotto, ognuno di noi parla, e dopo aver parlato, riconosciamo quasi sempre che è stato invano, e ci riconduciamo disillusi in noi stessi, come un cane di notte alla sua cuccia, dopo aver abbaiato a un'ombra.
SPIZZI. No, è la dannazione delle parole che vado ripetendo da due anni, col sentimento che ci mise dentro chi le scrisse!
ILSE. Ma sono rivolte a una madre quelle parole! [...]
SPIZZI. Ma chi le scrisse, le scrisse per te, e non ti considerava certo una madre! (M, 1336)

Cotrone è sempre molto critico della società irrispettosa dell'arte, che non capisce la poesia, la ignora e la detesta, e la sua ironia sa essere crudele anche quando si riferisce al poeta suicida: "La poesia non c'entra! Chi è poeta fa poesia: non s'uccide" (M, 1325), non diversa da quella di scrittori postmoderni quando parlano di diversi modi dell'espressione artistica (ad es. Antonio Tabucchi, Antonio Scurati, Sandro Veronesi). Inoltre critica duramente la poesia contemporanea che ha rinunciato a comunicare i grandi valori, che ha perso la fede nei miracoli della attività creativa, e non essendo più condizionato dal mondo dei cosiddetti normali, polemizza, aggredisce, e mette in luce la sua ripulsa per una cristianità demente: "COTRONE. Ma io l'ho in odio, questa gente [...] Vivo qua per questo [...] Ero cristiano, mi son fatto turco [...] Turco per il fallimento della poesia della cristianità" (M, 1329). Si scaglia contro l'aspetto imprenditoriale che la società d'oggi fa dell'arte, dell'arte che è diventata un prodotto commerciale (M, 1329), e anche in questo Pirandello anticipa un fenomeno cardine del postmodernismo.

Per Pirandello l'arte commercializzata è un'espressione bassa atta a soddisfare il palato delle masse e gli interessi degli uomini d'affari. Per lui anche il cinema non è un'espressione artistica, lo considera solo una forma di comunicazione popolare, meccanica, fredda, priva di stimoli per l'intelligenza e per lo spirito. Ecco perché ci tiene a sottolineare che nel "paese" dei *Giganti* si abbattono i teatri per costruire sale cinematografiche (M,1330). La profonda preoccupazione che il cinema rimpiazzi il teatro ricorre dal romanzo *Quaderni di Serafino Gubbio operatore* (1915) al saggio *Se il film parlante abolirà il teatro* (1929); una preoccupazione condivisa da altri intellettuali del suo tempo quale Giovanni Papini, che nell'articolo *Rapporto sugli uomini*, del 1928, suggerisce addirittura che il cinema ucciderà tutta la letteratura stampata.

Ma Pirandello, come non pochi autori postmoderni, è uno scrittore contraddittorio, anche nei confronti del mondo cinematografico. Con il cinema comincia ad aver rapporti dal 1913[30]. Come tantissimi scrittori postmoderni, viene attratto da questo mezzo mediatico per la necessità di guadagnare denaro, e ne capisce l'enorme l'importanza. Dal 1920 si mette a collaborare con il *cinema d'arte* lavorando assieme a sceneggiatori e registi che trasportano le sue opere sullo schermo. Nel 1926 si mette a scrivere il racconto cinematografico *Sei personaggi*[31]; nel 1932, in collaborazione con il figlio Stefano, detta il soggetto *Gioca, Pietro*, e nel frattempo inizia a collaborare con Hollywood. Nelle novelle, nei romanzi e nei drammi

---

[30] Cfr. G. GIUDICE, *Pirandello*, Torino, UTET, 1963, p. 510.
[31] Si veda F. CALLARI, *Pirandello e il cinema*, Venezia, Marsilio Editori, 1991, pp. 203-238.

Pirandello adopera in modo vistoso i mezzi cinematici, come poi faranno gli scrittori postmoderni, tanto che molti dei loro romanzi di massa vengono scritti proprio per essere tradotti sullo schermo cinematografico o televisivo. In queste sue opere l'agrigentino si rivela un maestro della narrazione filmica, anche con l'uso scaltro delle sequenze di scene e di tagli, degli andamenti prolettici ed analettici, delle tecniche di montaggio e di inquadrature, e ama persino giocare con la focalizzazione dei campi oscuri della coscienza e dell'attività onirica. Lo stile cinematico, spesso teso a costruire gli effetti speciali, è efficacissimo nel rappresentare i misteri del sogno, i lampi, le apparizioni, tutta la realtà magico-favolosa del regno di Cotrone[32].

In vari modi Cotrone cerca di persuadere Ilse a non insistere nell'intento di portare la sua rappresentazione tra gli uomini insensibili e sordi, che non vivono il culto della poesia. Talvolta al suo richiamo si fondono rivelazioni di alcuni attori:

COTRONE. E quest'opera – in mezzo alla gente – perché d'un poeta, è stata la vostra rovina? Ah come

---

[32] Ecco perché alcuni critici vengono a discutere del progetto dei *Giganti* come un film da fare: L. KLEM, *Progetto di un metafilm proposta per una versione cinematografica di Luigi Pirandello "I giganti della montagna"*, in *I giganti della montagna progetto per un film*, cit., pp. 273-280; L. TERMINE, *Una sborniatura celeste*, ibid., pp. 281-285; e S. MILIOTO, *"I giganti della monta": progetto per un film*, ibid., pp. 287-306.

lo comprendo bene! Come lo comprendo bene!

BATTAGLIA. Fin dalla prima rappresentazione.

COTRONE. Nessuno volle saperne? […]

CROMO. Fischi che ne tremarono i muri!

COTRONE. Sì, eh? Sì, eh?

ILSE. Lei ne gode?

COTRONE. No, Contessa, è perché lo comprendo bene! L'opera di un poeta […]

CROMO. Eravamo quarantadue, tra attori e comparse…

COTRONE. E vi siete ridotti in così pochi? […] Io ho detto "l'opera di un poeta" non per sdegnarla, signora; al contrario per sdegnare la gente che le s'è volta contro. (M, 1328)

Più il battagliero Cotrone enfatizza il suo ammonimento, più l'ostinata Ilse non rinuncia al suo sogno di avventurarsi in altri mondi a rappresentare *La favola del figlio cambiato*: anche se vi sono teatri non frequentati: "IL CONTE. Ma non c'è un teatro nel paese? COTRONE. C'è, sì, ma per i topi, signor Conte, è sempre chiuso. Anche se fosse aperto non ci andrebbe nessuno" (M, 1330). Con appassionata insistenza di guida illuminatrice la invita a rimanere, ripete che l'arte di lei può vivere solo nel regno fantastico-onirico della Scalogna:

CROMO. C'invita a restare qua per sempre, non senti?

CROTONE. Ma sì! Che andate più cercando in mezzo agli uomini? […]

ILSE. Vuol dire andrò io sola, a leggere, se non più a rappresentare la Favola.

SPIZZI. Ma no, Ilse – resti chi vuole – io ti seguirò sempre.

DIAMANTE. Anch'io […]

COTRONE. Non vuole neanche lei [Ilse] che l'opera viva per se stessa come potrebbe soltanto qua.

ILSE. Vive in me; ma non basta! Deve vivere in mezzo agli uomini […]

COTRONE. La sua Favola può vivere soltanto qua; ma lei vuol seguitare a portarla in mezzo agli uomini, e sia! Fuori di qua io però non ho più potere di valermi in suo servizio. (M, 1346,1366)

Ilse non ascolta e con la sua compagnia, secondo l'atto finale riassunto da Stefano Pirandello, si reca presso il regno dei *Giganti della montagna*, mentre sono immersi in una festa di nozze in modo chiassoso e baccante, affogano nei piaceri del divertimento e del vino. All'attrice impongono di smettere la recita di "parole incomprensibili" e di intrattenerli con canzonette e balli, con uno spettacolo volgare (M, 1375). Ma quando Ilse si rifiuta, scoppia il pandemonio. E così prende vita una chiusura aperta, ricca di messaggi allegorici e polisemici, e di un linguaggio cibario, sottile e parsimonioso, che enfatizza il nero pessimismo di Pirandello nei riguardi dell'arte dello scrivere. Specialmente quando Ilse si modella come portatrice di poesia, pasto dell'anima nobile, tra la gente che simboleggia il nostro mondo contemporaneo massificato e ottuso, privo di "ogni spiritualità" e profondamente materialistico, tutto immerso a creare i paradisi terreni (come farà notare il romanzo postmoderno *Troppi paradisi* di Walter Siti), ossia i giganti: "duri di mente", "bruti", "selvaggi", "bestiali", che uccidono l'attrice durante la recita della *Favola del figlio cambiato*, mentre due attori usciti a cercare di salvare Ilse sono "sbranati"; gli altri teatranti della sua compagnia sono il pubblico del loro "spettacolo di bestialità" e temono di diventare il prossimo "pasto" di quelle "belve" (M, 1372-1375). La brutalità umana, capace di ridurre il corpo della famosa attrice a frantumi "come quello d'un fantoccio rotto" (sul corpo senza vita il Conte piange gridando che "gli uomini hanno distrutto la poesia nel mondo" M, 1375) e di approdare al cannibalismo, metaforizza la morte dell'arte nella società, un mondo postmoderno in cui la parola poetica non avrà né voce né spazio.

La metafora della brutalità umana, incorporando esperienze autobiografiche dell'autore, si riferisce al regime fascista che oltre ad aver compiuto efferate crudeltà non è stato aperto al discorso cultural-intellettuale ma che di solito lo ha oppresso o censurato, che non ha dato libero spazio all'arte di fiorire e di esprimersi, e che certamente non ha promosso il teatro di Pirandello. Perfino il discorso del revisionismo storico non ha potuto non sottolineare il fallimento di Mussolini come protettore dell'arte del tempo. Se Pirandello nel 1924 prende la tessera del partito fascista non è perché ne condivide l'ideologia politica, ci pare che durante il corso della sua vita sia stato sempre apolitico. Tenta di avvicinarsi a Mussolini perché vuole sostegno per dare all'Italia un teatro stabile e ovviamente aiuto per il suo teatro. Mussolini invece sostiene le richieste del suo vate, Gabriele D'Annunzio, anche perché tanto potente che se non lo avesse soddisfatto gli avrebbe potuto creare problemi di vario genere. Pare che la scelta dei nomi degli sposi dei *Giganti*, "Uma di Dòrnio e Lopardo d'Arcifa", alluda al sentimento di antidannunzianesimo covato da Pirandello[33] fin da giovane e da generazioni di intellettuali e scrittori dalla fine dell'Ottocento in poi.

Nell'autunno del 1928 la profonda delusione sulla situazione politica italiana, il fallimento economico della sua compagnia teatrale e il crollo di ogni speranza di poterla trasformare in un Teatro di Stato, spingono Pirandello "all'esilio volontario" in Germania, dove il 14 aprile 1930 si mette in scena per la prima volta *Questa sera si recita a soggetto*. Come testimoniano le sue *Lettere a Marta Abba*, Pirandello soggiorna vari anni in Germa-

---

[33] Un'idea condivisa anche da altri studiosi: per esempio, P. PUPPA, *op. cit.*, p. 147, e G. CAPPELLO, *Quando Pirandello cambia titolo: occasionalità o strategia?*, Milano, Mursia, 1986, p. 283.

nia, pur con brevi ritorni in Italia, e vede la Germania come un paese evoluto dal punto di vista culturale che fa molto per il suo teatro, mentre si lamenta che in Italia, paese barbaro, lo ignorano, e quando lo rappresentano, i giornali non ne parlano, e se ne parlano lo fanno con disimpegno, riserve, stroncature[34].

Nel dramma ritornano i mitologemi della montagna dei *Giganti* (che connota non l'altezza ma la bassezza come fa la montagna con le cave di zolfo nei cui labirinti si muove Ciaula del racconto eponimo) e del gigantismo che alludono al fascismo con la sua ideologia maniaca di proiettare una società perfetta e orgogliosa, di comunicare potenza e grandezza ad ogni livello, di calcare le orme dell'impero romano anche nell'espansione imperialistica. Quando Pirandello sta cercando di completare nel novembre del 1934 il terzo momento di questo dramma, nota che Mussolini aveva già manifestato le sue intenzioni nei confronti dell'Etiopia: un'Africa da conquistare e da modernizzare sulla scia dei paesi evoluti dell'Europa, per cui i *giganti* si concretizzano (oltre a un traslato dei mostri orrendi dei miti classici) l'immagine dei polifemi del futuro, dei figli del domani, del futuro dell'umanità e quindi oggi vi si può vedere anche un'immagine della nostra società postmoderna industrializzata, commercializzata, tecnicizzata.

---

[34] Si veda il mio saggio *Pirandello e il giornalismo*, cit., pp. 37-71.

La satira che prende di mira le mitologie, i riti, le propagande, e la cronaca di costume del regime, entra nella diegesi dell'ultimo dramma pirandelliano, critica duramente l'operare del fascismo e il materialismo contemporaneo, cedendo anche alla parodia pungente, come quando Pirandello permette ad alcuni personaggi di informarci che nel "paese", si abbattono i teatri per costruire stadi per le attività sportive fatte di "corse" e "lotte" (M, 1330); oltre alle abitudini sociali, anche il mito della sanità del corpo e tutta la cultura del fisico bello sono satireggiati in parecchi romanzi postmoderni (ad es. *A perdifiato* di Mauro Covacich, *Gladiatori* di Antonio Franchini, *La caduta* di Clemente Tufari). Ma l'andamento satirico-parodico, che nell'arte postmoderna si fa preponderante formando topoi di varia natura al punto di mitizzare in modo grottesco la realtà odierna e di prendere a bersaglio il gigantesco potere dei media che invece di informare la popolazione disinforma e divulga notizie fatue o l'egemonica propaganda realizzata dal mondo della pubblicità (ad es. Doninelli, Scurati, Beha), sembra scuotersi nella chiusa del secondo atto (terzo momento) quando Pirandello, attraverso la voce demistificatoria di Cotrone, descrive con codici metaforici e burocratici l'operare trionfante del regime, la grandezza dei lavori realizzati dai *giganti*, che tra l'altro allegorizzano la società dell'America protesa verso nuove forme di capitalismo e di consumismo, ma profondamente detestata da Pirandello che ne aveva avuto diretta conoscenza nei suoi viaggi di lavori, tanto che ambienta alcune sue ultime novelle (*Una sfida*, *La tartaruga*, *Il chiodo*) a New York e nei suoi dintorni che configurano vari aspetti di decadenza sociale e morale[35] – una società americana vista non diversamente dagli scrittori americani del postmodernismo (ad es. Don De Lillo, Tom Wolfe, Robert Coover) –:

> Non propriamente giganti, signor Conte, sono detti così, perché gente d'alta e potente corporatura, che stanno sulla montagna […] L'opera a cui si sono messi lassù, l'esercizio continuo della forza, il coraggio che han dovuto farsi contro tutti i rischi e pericoli d'una immane impresa, scavi e fondazioni, deduzioni d'acque per bacini montani, fabbriche, strade, colture agricole, non han soltanto sviluppato enormemente i loro muscoli, li hanno resi naturalmente an-

---

[35] G. GIUDICE, *op. cit.*, p. 378, riporta affermazioni di Pirandello, fatte alla stampa italiana al ritornato del suo viaggio negli Stati Uniti nella primavera del 1924, che sembrano anticipare la visione dei *Giganti*: "La vita degli americani è in genere scarsa di essenza spirituale […]; tutta la vitalità americana si risolve in un vastissimo automatismo, il quale quando sia portato all'eccesso, finisce per distruggere se stesso […] L'America non mi ha dato nessun entusiasmo. E l'ho gridato, ad alta voce, agli americani. Non mi piace il progresso meccanico. Non aggiunge niente alla vita. Pare che debba arricchirla e la impoverisce".

che duri di mente e un po' bestiali. Gonfiati dalla vittoria offrono però facilmente il manico per cui prenderli: l'orgoglio: lisciato a dovere, fa presto a diventar tenero e malleabile. (M, 1360)

Pirandello, come parecchi scrittori postmoderni, demitizza il progresso perché porta alla perdita dei valori umani, all'allontanamento dalle cose semplici, allo snaturamento della vita, anche quando con una folla di personaggi rappresenta il mito del ritorno al grembo della natura idillica, sacra, paradisiaca, come illustrano le azioni di Giudè di *Padron Dio* o di Vitangelo Moscarda di *Uno, nessuno e centomila*.

La società che si evolve coi passi di *giganti* promuovendo una sfrenata civiltà industriale, si identifica con il mondo postmoderno, vivaio di irrazionalità e sciocchezze, di veleni e mali, e richiama quella filosofia di Pirandello che il progresso è un regresso, già molto viva nel *Fu Mattia Pascal*, in *Si gira*, e in altre sue opere dell'inizio del secolo. Il mondo postmoderno dà vita a fenomeni che peggiorano e rendono infelice la *condizione* dell'uomo, a una globalizzazione annientatrice di tradizioni, di costumi, di culture, specialmente delle popolazioni più povere, pare un *gigante cieco* che cammina verso l'abisso[36].

---

[36] M.F. SCIACCA, *Pirandello: "I giganti della montagna"*, Stresa, Centro Internazionale Di Studi Rosminiani, 1974, p. sostiene che la fine di questo dramma rappresenta "la tragedia della cultura occidentale".

BIBLIOGRAFIA ESSENZIALE

1. OPERE SU PIRANDELLO:

A Companion to Pirandello Studies, a cura di J. Di Gaetani, New York, Greenwood Press, 1991.

ALBERTI A.C., *Il teatro nel fascismo. Pirandello e Bragaglia*, Roma, Bulzoni, 1974.

Almanacco Letterario Bompiani. [Dedicato a Luigi Pirandello], Milano, Bompiani, 1937.

ALONGE R., *Pirandello tra realismo e mistificazione*, Napoli, Guida, 1972.

—, *Luigi Pirandello*, Bari, Laterza, 1997.

—, *Madri, baldracche, amanti. La figura femminile nel teatro di Pirandello*, Milano, Costa & Nolan, 1997.

ANGELINI F., *Il teatro del Novecento da Pirandello a Fo*, Roma-Bari, Laterza, 1976.

—, *Serafino e la tigre. Pirandello tra la scrittura, teatro e cinema*. Venezia, Marsilio, 1990.

ARTIOLI U., *L'officina segreta di Pirandello*, Roma-Bari, Laterza, 1989.

Atti del congresso internazionale di studi pirandelliani, Firenze, Le Monnier, 1967.

BALESTRA F., *Pirandello e il teatro dei problemi,* Roma, Cremonese, 1975.

BARBERI SQUAROTTI G., *Le sorti del tragico. Il novecento italiano: romanzo e teatro*, Ravenna, Longo, 1978.

BENTLEY E., *The Pirandello Commentaries*, Nebraska, University of Nabraska-Lincoln-Pirandellian Studies, 1985.

Martinelli L., *Specchio magico. Immagini del femminile in Luigi Pirandello*, Bari, Dedalo, 1992.

Mazzamuto P., *L'arrovello dell'arcolaio: studi su Pirandello agrigentino e dialettale*, Palermo, Flaccovio, 1974.

Nardelli F.V., *Vita segreta di Pirandello*, Roma, Bianco, 1962.

Pirandello. A Collection of Critical Essays, a cura di G. Cambon, New Jersey, Prentice-Hall 1967.

Pirandello capocomico, a cura di A. D'Amico e A. Tinterri, Palermo, Selerio, 1987.

Pirandello e D'Annunzio, Palermo, Palumbo, 1989.

Pirandello e il teatro, Palermo, Palumbo, 1985.

Pirandello e il teatro, a cura di E. Lauretta, Milano, Mursia, 1993.

Pirandello e il teatro dei problemi, a cura di F. Balestra, Roma, Cremonese, 1975.

Pirandello e il teatro del suo tempo, a cura di S. Milioto, e P. Scrivano, Agrigento, Centro Nazionale Di Studi Pirandelliani, 1983.

Pirandello e l'oltre, a cura di E. Lauretta, Milano, Mursia, 1993.

Pirandello and the Modern Theatre, a cura di A. Alessio, D. Pietropaolo, G. Sanguinetti-Katz, Canada, Biblioteca di Quaderni d'Italianistica, 1992.

Pirandello e la cultura del suo tempo, a cura di S. Milioto e E. Scrivano, Milano, Mursia, 1984.

Pirandello e la drammaturgia tra le due guerre, a cura di E. Scrivano, Agrigento, Centro Nazionale Di Studi Pirandelliani, 1985.

Pirandello. Lettere a Marta Abba, a cura di B. Ortolani, Milano, Mondadori, 1995.

Pirandello, l'uomo, lo scrittore, il teatrante, Milano, Mazzotta, 1987.

Pirandello poetica e presenza, a cura di W. Geerts, F. Musarra, S.Vanvolsen, Roma, Bulzoni, 1987.

Pirandello saggista, a cura di D. Giovanelli, Palermo, Palumbo, 1982.

Pirandello: teatro e musica, a cura di E. Lauretta, Palermo, Palumbo, 1995.

Pomilio M., *La formazione critico-estetica di Pirandello*, Napoli, Liguori, 1966.

Radcliff-Ustead D., *The Mirror of Our Anguish. A Study of Luigi*

Pirandello's Narrative Writing, New Jersey, Fairleiegh Dickinson University Press, 1978.

SCIACCA M., *Pirandello: I giganti della montagna*, Stresa, Centro Internazionale Di Studi Rosminiani, 1974.

SCIASCIA L., *Pirandello e il pirandellismo*, Caltanissetta, Sciascia Editore, 1953.

SICILIANO I., *Il teatro di L. Pirandello ovvero dei fasti dell'artificio*, Torino, Bocca, 1929.

SOGLIUZZO R., *Luigi Pirandello, Director: The Playwright in the Theater*, London, Scarecrow, 1982.

TILGHER A., *Studi sul teatro contemporaneo*, Roma, Libreria di Scienza e di Lettere, 1923.

—, *La scena e la vita. Nuovi studi sul teatro contemporaneo*, Roma, Barbi, 1943.

VICENTINI C., *Pirandello. Il disagio del teatro*, Venezia, Marsilio, 1993.

ZANGRILLI F., *L'arte novellistica di Pirandello*, Ravenna, Longo, 1983.

—, *Linea pirandelliana nella narrativa contemporanea*, Ravenna, Longo, 1990.

—, *Lo specchio per la maschera. Il paesaggio in Pirandello*, Napoli, Cassitto, 1994.

—, *Pirandello e i classici. Da Euripide a Verga*, Fiesole, Cadmo Edizioni, 1995.

—, *Le sorprese della intertestualità: Cervantes e Pirandello*, Torino, SEI, 1996.

—, *Pirandello nell'America Latina*, Fiesole, Cadmo Edizioni, 2001.

—, *Il bestiario di Pirandello*, Pesaro, Metauro Edizioni, 2001.

—, *Le maschere del "Vecchio Dio". Pirandello*, Padova, Edizioni Messaggero Padova, 2002.

—, *Pirandello. Presenza varia e perenne*, Pesaro, Metauro Edizioni, 2007.

ZAPPULLA MUSCARÀ S., *Pirandello e il teatro siciliano*, Catania, Maimone, 1986.

—, *Odissea di maschere*, Catania, Maimone Editore, 1988.

2. Opere sul postmodernismo:

Baricco A., *L'anima di Hegel e le mucche del Wisconsin. Una riflessione su musica colta e modernità,* Milano, Garzanti, 1996.

Barilli R., *Il ciclo del postmoderno. La ricerca artistica degli anni '80,* Milano, Feltrinelli, 1987.

—, *La neoavanguardia italiana. Dalla nasciata del "Verri" alla fine di "Quindici",* Bologna, Il Mulino, 1995.

—, *Robbe-Grillet e il romanzo postmodeno,* Milano, Mursia, 1998.

Beatrice L., *Stesso sangue. DNA di una generazione,* Roma, Edizioni Minimum Fax, 1999.

Bertens H., *The Idea of the Postmodern: A History,* New York, Routledge, 1995.

Bloom C., *Cult Fiction,* New York, St. Martin's Press, 1996.

Brizio F., *Dal fantastico al postmoderno:* Requiem *di Antonio Tabucchi,* "Italica", 1, 96, 1994, pp. 96-115.

Burbach R., *The (Un)defining of Postmodern Marxism: On Smashing Modernization and Narrating New Social and Economic Actors,* "Rethinking Marxism", 10.1, 1998, pp. 52-65.

Burgin V., *The End of Art Theory. Criticism and Postmodernity,* Basingstoke, MaCmillan, 1988.

Calabrese O., *L'età neobarocca,* Bari, Laterza, 1978.

Cannon J.A., *Postmodern Italian Fiction. The Crisis of Reason in Calvino, Eco, Sciascia, Malerba,* Rutherford N.J., Farleigh Dickinson University Press, 1989.

Castaldi P., *Le idee della letteratura. Storia delle poetiche italiane del Novecento,* Roma, La Nuova Italia Scientifica, 1994.

Ceserani R., *Raccontare la letteratura,* Torino, Bollati Boringhieri, 1990.

—, *A proposito di moderno e postmoderno,* "Allegoria", 10, 1992, pp. 121-131.

—, *Raccontare il postmoderno,* Torino, Bollati Bringhieri, 1998.

—, *Guida allo studio della letteratura,* Bari, Laterza, 1999.

Closing the Gap. American Postmodern Fiction in Germany, Italy, Spain, and The Netherlands, a cura di T. D'Haen e H. Bertene, Amsterdam-Atlanta, Rodopi, 1997.

CORTAZAR J., *Libro de Manuel*, Buenos Aries, Editorial Sudamericana, 1986 (1ª ed. 1973).

Da Calvino agli ipertesti. Prospettive della postmodernità nella letteratura italliana, a cura di L. Rorato e S. Storchi, Firenze, Franco Cesati Editore, 2002.

DEL BUONO O., *Cannibalismo. La banda dei cinque alla prima uscita su diffusione nazionale*, "Linus", 1978, pp. 51-52.

DE MATTEIS C., *Il postmoderno in Italia. Questioni di metodo*, "Lettera dall'Italia", 33, 1994, pp. 25-26.

DENNIS E.E. e W.L. RIVERS, *Other Voices: The New Journalism in America*, NY, Canfield Press, 1974.

DI GESÙ M., *La tradizione del postmoderno. Studi di letteratura italiana*, Milano, Franco Angelo, 2003.

ECO U., *Il nome della rosa*, Milano, Bompiani, 1985.

—, *Sugli specchi ed altri saggi*, Milano, Bompiani 1985.

—, *Il pendolo di Foucualt*, Milano, Bompiani, 1988.

—, *La bustina di Minerva*, Milano, Bompiani, 2001.

—, *La misteriosa fiamma della regina Loana, Milano*, Bompiani (Tascabili), 2006.

Umberto Eco's Alternative, a cura di N. Bouchard e V. Pravadelli, New York, Peter Lang, 1998.

FABRI G., *Il nuovo consumatore: verso il postmoderno*, Milano, Franco Angelo, 2003.

Feminist Theorize the Political, a cura di J. Butler e W. Scott, New York, Routledge, 1992,

FERRARSI M., *Lyotard, le legittimazioni postmoderne*, "Alfabeta", 24, 1981. p. 4.

—, *Problemi del postmoderno I*, "Cultura e Scuola", 97, 1986, pp. 104-115.

—, *Problemi del postmoderno II*, "Cultura e Scuola", 98, 1986, pp. 117-129.

FERRONI G., *Dopo la fine. Sulla condizione postuma della letteratura*, Torino, Einaudi, 1996.

FERRETTI G.C., *La letteratura del del rifiuto e altri saggi*, Milano, Mursia, 1981.

—, *Il best seller all'italiana*, Bari, Laterza, 1983.

FRANCESE J., *Narrative Postmodern Time and Space*, New York, State University of New York Press, 1997.

GANERI M., *Postmodernismo*, Milano, Editrice Bibliografica, 1998.

Giornalismo e letteratura. Journalism and Literature, a cura di G. Costa e F. Zangrilli, Roma-Caltanissetta, Salvatore Sciascia Editore, 2005.

Gioventù cannibale, a cura di D. Brolli, Torino, Einaudi, 1996.

GUGLIELMI A., *Il piacere della letteratura*, Milano, Feltrinelli, 1981.

HUTHCHEON L., *A Poetic of Postmodernism*, New York, Routeledge, 1988.

—, *The Politics of postmodernism*, New York, Routeledge, 1989.

International Postmodernism. Theory and Literary Practice, a cura di H. Bertens e D. Fokkema, Philadelphia, John Benjiamins, 1997.

Italian Pulp Fiction. The New Narrative of the "Giovani Cannibali" Writers, a cura di S. Lucamante, Canbury N.J., Associate University Press, 2001.

Italo Sevo tra moderno e postmoderno, a cura di M. Buccheri ed E. Costa, Ravenna, Longo, 1995.

JAMESON F., *Postmodernism, or the Cultural Logic of Late Capitalism*, Durham, Duke University Press, 1991.

JANSEN M., *Il dibattito sul postmoderno in Italia. In bilico tra dialettica e ambiguità*, Firenze, Franco Cesati Editore, 2002.

LA PORTA F., *La nuova narrativa italiana. Travestimenti e stile del fine secolo*, Torino, Bollati Boringhieri, 1999.

Lezioni sul postmodernismo, a cura di F. Marchese, Palermo, G.B. Palumbo Editore, 1997.

LUPERINI R., *La fine del postmoderno*, Napoli, Guida Editore, 2005.

LYOTARD J.F., *La condizione postmoderna*, Milano, Feltrinelli, 1981.

MAGRIS C., *Itica e oltre*, Milano, Garzanti, 1982.

—, *L'angelo di Clarisse*, Torino, Einaudi, 1984.

MANCA E., *Frammenti di uno specchio. I media e le politiche della postmodernità*, Venezia, Marsilio, 2006.

MODEO S., *Nuova fition e nuova critica*,"Nuovi Argomenti", 11, 1997, pp. 60-78.

Moderno postmoderno. Soggetto tempo sapere nella società attuale, a cura di G. Madi, Milano, Feltrinelli, 1987.

MOZZI G., *Il male naturale*, Milano, Mondadori, 1998.

MUSARRA-SCHROEDER U., *Il labirinto e la rete. Percorsi moderni e postmoderni nell'opera di Italo Calvino*, Roma, Bulzoni, 1996.

NATOLI J., e HUTCHEON L., *A Postmodern Reader*, Albany, State University of New York, 1993.

Narrativa postmoderna in America. Testi e contesti, a cura di C. Bacchilega, Roma, La Goliardica, 1986.

NEWMAN C., *The Post-modern Aura. The Act of Fiction in an Age of Inflation*, Evanston, Northwestern University Press, 1985.

McCLURE J.A., *Postmodern Romance: Don De Lillo and the Age of Conspiracy*, "The South Atlantic Quaterley", 89, 2, Spring 1990, pp. 337-353.

PANZERI F., *I nuovi selvaggi. Le condizioni del narrare oggi. Antologia di nuovi narratori italiani*, Rimini, Guaraldi, 1995.

PARIS R., *Romanzi di culto. Sulla nuova tribù dei narratori e sui lori biechi recensori*, Roma, Castelvecchi, 1995.

PATELLA G., *Sul postmoderno*, Roma, Edizioni Studium, 1990.

PIERETTI A., *TV metafora del postmodeno*, Brescia, La Scuola, 2000.

PISCHEDDA B., *Modernità del postmoderno*, «Belfagor», LII, 5, 30 settembre 1977, pp. 579-583.

POSSAMAI D., *Che cos'è il postmodernismo russo?*, Padova, Il Poligrafico, 2000.

Postmodernism and Contemporary Fiction, a cura di E. Smith, London, Batsford, 1990.

Postmoderno e letteratura, a cura di P. Carravetta e P. Spedicato, Milano, Bompiani, 1984.

RAIMONDI E., *Le poetiche della modernità in Italia*, Milano, Garzanti, 1990.

RORTY R., *Habermas and Lyotard on Posmodernity*, "Hoesterey", 1991, pp. 84-97.

Rossi P., *Paragone degli ingegni moderni e postmoderni*, Bologna, Il Mulino, 1989.

Segre C., *Intrecci di voci. La polifonia nella letteratura del Novecento*, Torino, Einaudi, 1991.

Sinibaldi M., *Pulp. La letteratura nell'era della simultaneità*, Roma, Donzelli, 1997.

Tani S., *Il romanzo di ritorno*, Milano, Mursia, 1990.

Terrosi R., *La filosofia del postumano*, Genova, Costa e Nolan, 1997.

"The Name of the Rose". Exploring Postmodernism, a cura di D. Fokkema e M. Calinescu, Philadelphia, John Benjamins, 1987.

The Reporter as artist: A Look at The New Journalism Controversy, a cura di R. Weber, New York, Hasting House Publishers, 1971.

Tondelli P.V., *Un weekend postmoderno. Cronache dagli anni ottanta*, Milano, Bompiani, 1990.

Vattimo G., *La fine della modernità. Nichilismo ed ermetismo nella cultura postmoderna*, Milano, Garzanti, 1985.

Villani A., *Le "chiavi" del postmoderno*, "Il Mulino", 1, 1986, pp. 15-31.

Wolfe T., *The New Journalism*, New York, Harper & Row, 1973.

—, *The Bonfire of the Vanities*, New York, Farrar, Straus & Giroux Inc., 1987.

Indice

Finito di stampare in Firenze
presso la tipografia editrice Polistampa
Settembre 2008